新质
生产力

黄奇帆 / 等著

浙江人民出版社

图书在版编目（CIP）数据

新质生产力 / 黄奇帆等著. — 杭州：浙江人民出版社，2024.5（2024.11重印）
ISBN 978-7-213-11448-9

Ⅰ. ①新… Ⅱ. ①黄… Ⅲ. ①生产力–发展–研究–中国 Ⅳ. ①F120.2

中国国家版本馆CIP数据核字（2024）第073278号

新质生产力

黄奇帆　等著

出版发行	浙江人民出版社（杭州市环城北路177号　邮编　310006）
	市场部电话：(0571)85061682　85176516
策　　划	芮　宏　叶国斌
责任编辑	钱　丛　卓挺亚　王　燕　徐雨铭
营销编辑	陈雯怡
责任校对	杨　帆　姚建国　陈　春
责任印务	程　琳
封面设计	东合社·安宁　厉　琳
电脑制版	杭州兴邦电子印务有限公司
印　　刷	杭州广育多莉印刷有限公司
开　　本	710毫米×1000毫米　1/16
印　　张	16.75
字　　数	180千字
插　　页	2
版　　次	2024年5月第1版
印　　次	2024年11月第5次印刷
书　　号	ISBN 978-7-213-11448-9
定　　价	69.00元

如发现印装质量问题，影响阅读，请与市场部联系调换。

序　言

黄奇帆

2023年9月，习近平总书记在黑龙江考察调研时提出，整合科技创新资源，引领发展战略性新兴产业和未来产业，加快形成新质生产力。2024年1月31日，习近平总书记在中共中央政治局第十一次集体学习时强调，加快发展新质生产力，扎实推进高质量发展，并就何为新质生产力、如何发展生产力发表了重要论述。习总书记指出，高质量发展需要新的生产力理论来指导。新质生产力是创新起主导作用，摆脱传统经济增长方式、生产力发展路径，具有高科技、高效能、高质量特征，符合新发展理念的先进生产力质态。它由技术革命性突破、生产要素创新性配置、产业深度转型升级而催生，以劳动者、劳动资料、劳动对象及其优化组合的跃升为基本内涵，以全要素生产率大幅提升为核心标志，特点是创新，关键在质优，本质是先进生产力。习总书记关于新质生产力的重要论述，为新发展阶段全面落实创新驱动发展战略、大力推动产业结构优化升级、有效促进区域经济协调发展、加快培育战略性新兴产业和未来产业集群、推动经济高质量发展、构筑国家竞争新优势提供了根本遵循。

物质生产是人类社会存在和发展的基础，生产力是塑造现实的强大力量。新质生产力，有别于传统生产力，其涉及领域新、技术含量高，属于创新驱动型生产力，科学技术创新是推动其形成发展的持久动力。

马克思与恩格斯在合著的《德意志意识形态》一书中指出：一定的生产方式或一定的工业阶段始终是与一定的共同活动的方式或一定的社会阶段联系着的，而这种共同活动本身就是生产力。由此可见，人们所达到的生产力总和决定着社会状况。如今数字经济高速发展，与传统生产力不同，数据、技术等逐渐成为新质生产力的核心要素，能推动经济从高速增长转化为高质量增长，实现量变到质变的一个飞跃。新质生产力的落脚点在于生产力发展，其中"新"是起点，"质"则是关键。从系统论视角看，新质生产力是由相互作用的生产力要素、结构以及功能构成的系统。

随着数字技术的不断成熟，"算力"作为一种新质生产力，能使生产力发生革命性飞跃。新质生产力是以大数据、云计算、人工智能等数字技术为代表的生产力系统。数字技术通过减少交易过程中的运输成本、沟通成本以及搜索成本等，进而提高生产率。新质生产力不仅表现在要素层面，还具备多个维度，包括结果、要素组合与产业形态等方面。在要素层面，数据作为新型生产要素，具有可复制性、零边际成本特征，能为产业生产提供无限供给，为提高生产效率提供不竭动力，是创造新质生产力的关键。数据要素的市场化是推动新质生产力发展的重要途径。在要素组合层面，传统的生产要素组合方式被打破，生产要素实现全方位重组。在产业形态层面，数字经济与实体经济加速融合，形成了新的产业形态。在结果层面，新质生产力能更好地体现新发展理念，满足人民日益增长的对美好生活的需求，实现经济高质量发展。

新质生产力是以新型技术、新型要素为核心，以提高全要素生产率为目标，为经济发展提供新业态、新模式以及新动能的先进生产力。在新质生产力不断形成的过程中，传统生产力发生能级跃迁，但这并不意味着传统生产力的消亡，而是意味着传统生产力的优化，传统劳动力、资本、技术通过不断优化成为新型劳动力、新型资本、新型技术等新型生产要素，且各个生产要素之间相互作用、相互结合，成为推动高质量发展的有机结合体。

作为推动高质量发展的内在要求和重要着力点，新质生产力的发展代表的是技术和数据双重驱动下，传统产业实现转型升级和新兴产业不断涌现的过程。新质生产力在加快科技创新、推动技术进步层面发挥核心作用，为提高生产效率奠定坚实的物质基础，最终实现产业结构转型、区域协调发展、经济高质量发展。

在微观层面，新质生产力主要作用于技术创新和企业组织模式；在中观层面，主要表现为优化产业结构、重塑产业网络；在宏观层面，为社会全要素生产率提升提供动力。新质生产力要在实现中国式现代化的过程中转变生产力基础、物质基础、技术基础、产业基础和制度基础。在企业层面，新质生产力通过智能算法和智能决策优化传统生产力，不仅促进企业技术突破，进而提高生产效率，还能使企业更灵活地适应市场需求的变化和个性化生产。总而言之，我们要从产业体系完整化、安全化、创新化、智能化、绿色化以及融合化层面探讨新质生产力在现代产业体系中的实践路径，大力推动实体产业与数字经济深度融合发展，这与新发展理念的视角不谋而合。

总之，新质生产力的科学内涵，离不开数字经济的高速发展，也离不开新型技术以及数据要素的诞生。新质生产力在中国式现代化道路中的实践路径，既助推传统生产力能级跃迁，又助力中国经济高质量发展。

当前，全球科技创新进入空前密集活跃时期，新一轮科技革命和产业变革正在重构全球创新版图、重塑全球经济结构，这与我国加快转变发展方式形成历史性交汇。在此背景下，加快形成新质生产力，抓好新制造、发展新服务和培育新业态，是我们不容错过的重要战略机遇，对实现高质量发展，推动中国式现代化具有战略性意义。

形成和发展新质生产力既是理论问题，也是实践问题；既是发展命题，更是改革命题。聚焦"新质生产力"进行体系化研究、学理化阐释和大众化传播是时代赋予我们的重大使命。

为深刻理解和领会习近平总书记关于新质生产力的重要论述，回答好不同区域和产业如何形成和发展新质生产力这一"时代之问"，浙江人民出版社邀请国内知名专家、学者从多个角度论述"新质生产力"，结集为现在的《新质生产力》一书。全书集中了学界有关新质生产力的最新理论研究成果，同时呈现当前部分省域、行业在发展新质生产力上的实践先行探索，为当前备受关注的新质生产力理论总结、发展方向、实践推进等提供有效参考，以期为推动经济社会高质量发展、实现中国式现代化提供助力。

是为序。

2024.4.18.

目 录

总论
试论发展新质生产力的内涵逻辑和战略路径 / 黄奇帆 ... 003

第一篇
理论内涵

如何科学地理解新质生产力？/ 郑永年 ... 021

关于新质生产力的若干理论问题 / 赵振华 ... 035

新质生产力：马克思主义生产力理论的最新成果 / 王大树 ... 048

为何提出加快形成新质生产力 / 周　勇 ... 055

新质生产力也是改革命题 / 陈学明 ... 062

新质生产力的主要特征与形成机制 / 李晓华 ... 065

准确把握新质生产力的本质和丰富内涵 / 涂永红 ... 073

论新质生产力的形成发展及其作用发挥 / 简新华　聂长飞 ... 080

第二篇
实现路径

以科技创新带动新质生产力发展／郑新立 ... 097

"1＋2＋6"模式：新质生产力的培育路径／庞瑞芝 ... 103

抓住重点领域发展新质生产力／王昌林 ... 113

用颠覆性技术发展新质生产力／赵 琛 ... 120

发展未来产业是形成新质生产力的关键／陈 劲 ... 123

从数据和人才看新质生产力的实现路径／李 锋 ... 126

为加快形成新质生产力提供制度支撑　建设高标准市场体系／宋葛龙 ... 133

新质生产力以全要素生产率提升为核心／杨德龙 ... 136

加快形成和发展新质生产力的路径和举措／王 羽 ... 140

第三篇
实践探索

新质生产力：中国式现代化省域先行的强劲支撑／盛世豪 ... 151

以新质生产力实现东北振兴"五大安全"／时 杰 ... 171

发展水利新质生产力　做好科技创新大文章／彭 静 ... 180

培育能源电力领域的新质生产力 / 钟　晖 ... 191

发展海洋新质生产力　实现海洋可持续发展 / 叶观琼 ... 198

以科技金融"活水"助推新质生产力加快发展 / 邹新月　蔡卫星 ... 203

激活数据要素潜能　发展新质生产力 / 姜奇平 ... 209

科学把握新质生产力的发展趋向 / 杨丹辉 ... 227

新质生产力形成发展的强大动力 / 杜传忠 ... 235

战略性新兴产业发展态势探究 / 陈　宪 ... 247

总论

试论发展新质生产力的内涵逻辑和战略路径

黄奇帆

(重庆市原市长,研究员)

2023年9月,习近平总书记在黑龙江考察时提出,"整合科技创新资源,引领发展战略性新兴产业和未来产业,加快形成新质生产力"。2024年1月,习近平总书记在中央政治局集体学习时发表重要讲话,对新质生产力的理论内涵、发展要求进行了系统阐述。学习贯彻习近平总书记重要论述,深入理解新质生产力的内涵逻辑,找到培育新质生产力的具体抓手,对推动经济社会高质量发展、实现中国式现代化,意义重大。

一、从习近平总书记重要论述看新质生产力的内涵逻辑

习近平总书记在中央政治局集体学习时强调,高质量发展需要新的生产力理论来指导。新质生产力是创新起主导作用,摆脱传统经济增长方式、生产力发展路径,具有高科技、高效能、高质量特征,符

合新发展理念的先进生产力质态。它由技术革命性突破、生产要素创新性配置、产业深度转型升级而催生,以劳动者、劳动资料、劳动对象及其优化组合的跃升为基本内涵,以全要素生产率大幅提升为核心标志,特点是创新,关键在质优,本质是先进生产力。总书记对新质生产力的精辟论述,为我们理解新质生产力的底层逻辑提供了重要指南。

(一)新质生产力不是一般的经济增长,而是摆脱了传统生产力发展路径的增长跃迁,是实现中国式现代化的重要物质技术基础

理论上,一国经济增长和生产力发展本质上是一个经济剩余逐步积累的过程。一般有四种途径:一是通过持续的要素投入,如通过资本投入、劳动力增加和自然资源的开发利用,使得生产超过消费,产生剩余和积累;二是通过国际经济合作,比如在国际贸易中形成净出口或者引进国际投资,来促进经济增长;三是通过对外武力征伐、殖民等,掠夺他国的经济剩余;四是通过科技进步和优化资源要素配置,提高全要素生产率,进而促进经济增长。

第一种路径,在历史上推动了世界许多地区的经济发展,但也带来了资源枯竭、环境破坏和不平等等问题。中国过去的经济增长在很大程度上也得益于这种要素投入型增长模式,但近年来随着资金、土地、劳动力等要素价格持续上涨,比较优势不再显著,而且长期形成的靠房地产、基建等投资拉动、债务驱动为主的增长模式日益难以为继。近年来房地产对经济增长的平均贡献度达14%,对地方财政的贡献达六成,一旦房地产熄火,靠什么来维持经济增长?

对于第二种路径，中国自加入世界贸易组织（WTO）后，经济增长经历了一个高速增长时期。但随着开放红利的释放，这种增长效应也在逐步减弱。目前，我国外贸进出口占GDP的比重已由最高时（2006年）的67%下降到33%左右，且自2009年国际金融危机后，净出口对经济增长的贡献在大多数年份是负的。尽管我国对外开放带来了技术进步和资源配置优化效应，对经济增长贡献巨大，但近年来受美对华发动贸易战进行打压遏制影响，依靠国际经济合作提振经济增长潜力的难度越来越大。

对于第三种路径，历史上一些国家通过殖民他国、武力征伐实现了资本的原始积累，很不光彩，且日益被世界和平发展的潮流所摒弃。党的二十大明确提出，中国式现代化是走和平发展道路的现代化，不走一些国家通过战争、殖民、掠夺等方式实现现代化的老路。

以上三种路径，第三条路我们不能走，第一条和第二条走起来日益困难，但我们要在2035年左右实现14亿人的基本现代化、人均GDP达到中等发达国家水平的目标，须确保经济增速维持在4%以上，走第四条路即提高全要素生产率势在必行。目前中国的全要素生产率增速仅有美欧发达国家的40%—60%，仍有较大空间。但如果没有科技革命的加持，单纯靠经济内在的量变也是很难提升的。恰好我们又处在第四次工业革命的前夜，以智能化为代表的新科技革命为新质生产力的迸发提供了条件。在这样的重大历史机遇面前，发展新质生产力，充分释放新科技革命带来的增长红利，不仅有利于提升全要素生产率，降低要素成本、增加要素投入，也有利于提升国际经济合作新优势。从近期看，要通过发展新质生产力形成新的增长引擎，维持经济增长势头；从远期看，发展新质生产力是支撑14亿人实现中国式现代化的必由之路、必然选择。

（二）新质生产力不是一般性的技术进步，而是要在科技上实现革命性突破，形成一大批原创性、颠覆性创新成果，实现科技高水平自立自强

"新质生产力"，不是那些普通的科技进步，不是边际上的改进，而是要有原创性、颠覆性创新。所谓原创性、颠覆性创新，至少要满足以下五个"新"标准中的一个：

一是新的科学发现。这是0—1、从无到有的、对自然和宇宙的运行规律有新的理解的重大发现，比如量子科学、暗物质和暗能量、脑科学的研究可能会将人类对世界的认知、对自身的认知往前推进一大步。尽管我国已经步入创新型国家行列，但在此类0—1的创新方面的成果与发达国家相比仍有较大的差距。这其中既有基础研究投入不够的原因，[①]也与体制机制对创新和自由探索活动激励不足有关，需要深化改革。

二是新的制造技术。即在原理、路径等方面实现了革命性突破，从而对原有技术方案进行有效替代的制造技术。比如，增材制造（3D打印），使用该技术可以直接根据数字模型生产复杂的产品，减少材料浪费，并允许进行个性化设计。再比如，利用纳米材料制造超级材

[①] 我国2022年全社会研发经费支出3.09万亿元，占GDP的比重为2.55%，总量在全世界排第二，但投向较为分散。2022年基础研究投入占全部研发费用的比重为6.3%，与世界主要创新型国家多为15%—20%的差距较大。

料,从而在强度、耐用性或电导性方面实现传统材料无法比拟的性能。再比如,利用CRISPR等技术进行基因编辑,或通过合成生物学创造新的生物路径来生产药品、燃料和化学品,等等。这些技术的出现在过去是不可想象的。

三是新的工艺路线。即生产过程中采用的创新技术和方法,旨在提高效率、降低成本、减少环境影响或增强产品质量。不同的行业可能会有不同的工艺创新。比如,通过一体化压铸,特斯拉将原本需要多个零部件通过冲压和焊接等方式组装而成的车身结构件,转变为可以直接通过压铸工艺一次性形成的单一零件。这种方法不仅减少了零件数量,降低了生产时间和成本,而且还提高了车身结构的完整性和安全性。而这一创新可能会推动汽车车体制造工艺的重大变革。

四是新的生产工具。工具变革在人类发展史上始终处于重要地位,因为工具的革新带来了效率的提升和成本的下降,这样的例子有很多。比如珍妮纺纱机的出现曾被恩格斯评价为"使英国工人的状况发生颠覆性变化的第一个发明"。再比如:透射电子显微镜的出现标志着人类对微观世界观察能力的重大飞跃;EUV光刻机的出现让7纳米、5纳米芯片制造成为可能;基因测序仪的出现,让我们能够读取和解析生物体DNA或RNA的序列,极大地扩展了我们对遗传信息的理解和应用。

五是新的生产要素。过去的制造,靠劳动力、资本、能源等要素,未来的制造中,除了这些传统要素外,还会有数据这一新的要素。新的要素加入,让生产函数发生了新的变化,规模经济、范围经济、学习效应会发生新的交叉组合和融合裂变。当前,人工智能技术在大数据的"喂养"下正在加速迭代，数据已经成为人工智能得以成熟的重要生产要素。未来，随着人工智能在各行各业的普及和应用，数据作为生产要素的特征会更加显著。

（三）新质生产力不是单纯的科技创新，而是要在生产关系、产业组织和资源配置层面发生新的变革，实现生产要素的创新性配置和产业深度转型升级

在理论上，技术进步的确拓展了生产可能性曲线，但将可能性变为现实性则需要在生产关系、资源配置和产业组织层面的变革与之适应。

一是加强创新制度供给，建立与新质生产力相适应的新型生产关系。新质生产力本质是先进生产力，需要有与之相适应的生产关系。当前发展新质生产力，在生产关系层面需要加强三方面制度供给。第一是为职务科技成果赋权。赋予科研人员因利用财政资金或国有企业出资形成的职务科技成果以所有权或长期使用权，以更好激发广大科研人员开展创新的积极性。第二是为数据要素确权。原始数据来自四面八方、亿万市场主体，经过各类平台汇集利用后成为有价值的数据，其产权如何在原始数据所有者和数据加工者之间合理分配是一个需要深入探索的重大问题。第三是保护创新型企业家的合法权益。将生产要素进行"创新性"配置，将劳动者、劳动资料、劳动对象进行优化组合并有效"跃升"的主体是那些致力于科技创新、产业创新的"创新型"企业家。保护企业家特别是"创新型"企业家的权益是培育形成新质生产力的必要条件和关键因素。

二是推动产业链供应链融合集群发展，实现产业组织持续迭代升级。好的创意和发明需要有效率的产业组织将之实现，产品不仅要能造出来，还要能卖出去；不仅能卖出去，还要成本可控，实现经济价值；不仅在本国实现经济价值，还要有全球视野，将市场拓展到全球；不仅要能买全球、卖全球，还要能吸引集聚全球创新资源，持续进行技术和产品更新迭代，在专利、标准、品牌等方面建立护城河，提升全球价值链的位势。这方面，中国有超大规模市场的需求优势、产业体系配套完整的供给优势、各种创新成果探索性应用的丰富场景优势，将这三大优势充分发挥出来的关键在于构建"产业互联网＋产业集群"的新型产业组织。即以数字化为抓手全面推动产业链全链条数字化转型，形成水平分工、垂直整合、敏捷韧性的产业互联网，同时加快培育一批空间上高度集聚、上下游紧密协同、供应链集约高效、规模达万亿级的战略性新兴产业链集群。

三是进一步深化改革开放，促进优质生产要素向新质生产力优化配置。在日趋激烈的国际竞争中，谁能在全球范围内率先有效集聚和配置知识、技术、管理、人才、数据等创新要素，谁就能在发展中取得主动，谁就能在新领域新赛道的开辟中占得先机，谁就能率先培育出新质生产力。这就要求我们不失时机地进一步深化改革开放。一方面，要紧紧围绕市场在资源配置中起决定性作用这一目标，健全现代经济治理体系。进一步深化要素市场化改革，建设全国统一大市场，加快建立高水平社会主义市场经济体制。另一方面，要通过主动开放推进创新要素跨境优化配置。要通过主动对标CPTPP、DEPA等国际高标准经贸规则，完善产权保护、市场准入、公平竞争等市场经济基础制度。加快建设世界重要人才中心和创新高地，探索创新要素跨境自由有序流动体制机制，形成具有全球竞争力的开放创新生态，集聚全球创新资源，促进国际创新成果转化。

（四）新质生产力不是单纯的经济增长，而是与高质量发展要求相适应，符合新发展理念的先进生产力质态，在实践推动中要注意抓好两个"转"

高质量发展是创新成为第一动力、协调成为内生需要、绿色成为普遍形态、开放成为必由之路、共享成为根本目的的发展。发展新质生产力是落实高质量发展这一首要任务的重要抓手，在实践推动中要注意抓好两个"转"：

一是转导向，即由投资于物向投资于人转变。人是生产力中最为重要、最为活跃的因素。当前，我国经济发展在供给和需求两侧都面临与人有关的突出问题：在供给侧，劳动力供给结构发生趋势性反转，人口进入负增长和深度老龄化的新阶段；在需求侧，存在最终消费占GDP的比重偏低和居民收入在国民收入分配中的份额较低，即"双低"问题。如不干预，这两方面互相作用，会驱动经济发展进入逐步降级的"失速"陷阱。要着力在人口红利逐步消失的同时，通过深化改革、强化创新，培育和释放我国规模庞大的人力资源红利；同时，要通过改革收入分配，提高劳动报酬份额，增加消费占比，缩小收入差距，增强经济循环的内生动力。这就需要坚持以人民为中心，推进以人的综合素质全面提升、人的全面自由发展为核心的人口高质量发展。要进一步深化教育、科技体制改革，畅通教育、科技、人才的良性循环，完善人才培养、引进、使用、合理流动的工作机制。要根据科技发展新趋势，优化高等学校学科设置、人才培养模式，为发展新质生产力、推动高质量发展培养急需人才。

二是转机制，即着力构建有利于贯彻落实新发展理念、发展新质生产力的体制环境。高质量发展是多元目标动态平衡统筹兼顾的发展。培育新质生产力，除了要注重创新发展、开放发展外，还要在协调发展、绿色发展、共享发展方面探索新路径、迈出新步伐。新质生产力总是在局部的少数人、少数企业中孕育生成，然后逐步辐射周边，最后带动全局，发展不平衡、渐次带动，发展成果短期内难以惠及所有人是新质生产力的典型特征。我们既要鼓励一部分地区一部分人先行一步，大胆试大胆闯，又要注重将创新成果、发展成果通过适当的机制及时惠及全体人民。特别是当前人工智能技术全面渗透和应用的大背景下，要高度重视人工智能对劳动力的替代效应，平衡好科技进步与人的发展的关系。此外，新质生产力本身就是绿色生产力，在推进碳达峰碳中和的进程中，要持续优化支持绿色低碳发展的经济政策工具箱，畅通生态产品价值实现机制，加快绿色科技创新和先进绿色技术推广应用，构建绿色低碳循环经济体系。

二、当前培育发展新质生产力重在抓好三个"新"

新质生产力在产业中的体现就是以新产品新服务和新业态来形成新的先进生产力，特点是创新，关键在质优。为此，在实践中应注重抓好以下三个"新"：

（一）抓好新制造

一般而言，并不是三百六十行所有的技术进步都能称为新质生产力，代表新质生产力的新制造涉及新能源、新材料、新的医药、新的制造装备和新的信息技术这五个领域。看上去，这里有五个"新"，但仔细想想，这五个"新"背后的能源、材料、医药、装备和信息等产业，其实人类社会几千年以来一直存在。人类社会一直在围绕这五个领域不断拓展和进步。比如人类社会早期划分石器时代和青铜时代的标志分别就是石器和青铜，属于"材料"和"装备"的变革。到了农耕时代，也涉及这五个领域。材料方面就是铁器的广泛应用，能源方面涉及炭火的生产等。医疗方面，因为人要延长自己的寿命，医药始终是最重要的。8000年前的伏羲是中国社会最早的领袖，他发明的阴阳理论其实是关于医疗的方法论。6000年前尝百草的神农，也是医生出身。再到5000年前的轩辕黄帝，流传下来了《黄帝内经》等。那个时候谁能治病救人，谁就能成为社会和部落的领袖。再比如信息，古代结绳记事也好，烽火传信也好，算盘计算也好，以及后来的纸张发明等，都和信息传递有关。人类社会就是在不断克服困难的过程中，发现新的材料，开发新的能源，应用新的信息技术，发明新的生物医药以及各种装备制造。回到当下，我们发展新制造需要以发展战略性新兴产业和培育未来产业为重点。要聚焦新一代信息技术、生物技术、新能源、新材料、高端装备、新能源汽车、绿色环保以及航空航天、海洋装备等战略性新兴产业，加快关键核心技术创新应用，增强要素保障能力，培育壮大产业发展新动能；在类脑智能、量子信息、基因技术、未来网络、深海空天开发、氢能与储能等前沿科技和产业变革领域，组织实施未来产业孵化与加速计划，谋划布局一批未来产业。目前，全世界在这些领域的进展很快，人类正以前所未有的速度在推进科技进步，一批颠覆性产品和科技将改变人们的生产生活方式，推动生产可能性曲线实现新的拓展和跃迁。

每一次工业革命所形成的新质生产力，除了改天换地推动了那个时代的社会生产力之外，作为那个时代新质生产力的缩影，还体现在一些世界性的、进入千家万户的、具有万亿美元规模的耐用消费品上。事实上，每一次工业革命时代，总会有四到五个代表性的耐用消费品进入人类家庭生活中，成为风靡一时的消费主流，不管在中国还是亚洲其他地区，或是在欧洲、美国，都是如此。比如第一次工业革命机械化时代是手表、自行车、缝纫机、照相机、留声机等；第二次工业革命电气化时代是空调、电视机、冰箱、洗衣机、轿车等；第三次工业革命信息化时代是手机、电脑、打印机和传真机以及液晶面板的电视机等。就全球而言，这些产品的市场规模往往超过万亿美元级，哪个国家、哪个城市能够把这些产业发展起来，就会在国际竞争中走在前列。"十四五"规划提出，"从符合未来产业变革方向的整机产品入手打造战略性全局性产业链"就是这个意思。当下，人类进入智慧网联的人工智能时代，今后二三十年，能够形成万亿美元级别市场的"五大件"，大体上包括以下五种。一是具有智慧驾驶功能的新能源汽车。2023年我国新能源汽车产销量占全球比重超过60%、连续9年位居世界第一位；2025年我国新能源汽车销量会达到1700万辆左右，到2030年市场占有率会突破90%。二是可以进行娱乐、家政服务，甚至陪伴老人生活、儿童学习的进入千家万户的机器人。未来这些机器人每年的需求量将达到四五千万台，形成万亿元级别的市场。三是在通用大模型、行业大模型训练基础上形成的个性定制的秘书式机器人，专为各种工作人员提供专业化智能信息服务。四是头戴式的AR/VR眼镜或头盔，将替代笔记本电脑、智能手机，成为新一代计算和通信终端平台。五是3D打印，可以让用户个性化定制自己的创意产品，进而催生一个"人人皆是发明家"的新时代。

（二）发展新服务

服务成为生产力的重要构成是社会分工深化的结果。新质生产力需要有新服务。这个服务重点在于镶嵌在全球产业链供应链中、对全球价值链具有重大控制性影响的生产性服务业。

关于服务业，世界经济版图里面有三大特征。第一个特征是在各种高端装备里面，服务业的价值往往占这个装备或者这个终端50%—60%的附加值。比如，一部手机有1000多个零部件，这些硬件大大小小的东西形成的附加值占产品价值的比例也就45%左右，其余55%是操作系统、各种应用软件、各种芯片的设计专利等，说白了，就是各种服务。这些服务，看不见摸不着，但代表这个手机55%的价值所在。其他如核磁共振或是各种各样的高端装备、终端都差不多有这个特征。第二个特征，整个世界的服务贸易在全球贸易中的比重越来越大，30年前服务贸易占全球贸易的5%，现在已经占到30%以上，货物贸易比重在收缩，服务贸易比重在扩张。第三个特征，在世界各国，尤其是发达国家的经济版图中，生产性服务业比重越来越大。我们经常说美国服务业占80%，是不是脱实就虚，是不是有泡沫？需要注意的是，美国80%的服务业中有65%左右是生产性服务业，是和制造业强相关的生产性服务业，这个65%×80%就是52%，也就是说美国的GDP的50%左右是生产性服务业，是和制造业相关的高科技服务业。欧盟27个国家，服务业增加值占GDP比重是78%，78%里面的50%是生产性服务业，也就是GDP里面40%左右是生产性服务业。其他发达国家、G20国家，生产性服务业增加值占GDP的比重也都比较大。

对比之下，这三个服务的指标恰恰是我国的短板。我国去年GDP中，制造业增加值占27%，服务业增加值占54.6%，服务业中50%左右是生活性服务业，50%左右是生产性服务业，也就是说GDP中生产性服务业占比27%左右，和欧洲40%，和美国50%比，差距较大。这也是中国式现代化现在最大的短板之一。换言之，我们实现中国式现代化，要加快发展生产性服务业。

按照国家统计局的《生产性服务业统计分类（2019）》，生产性服务业包括为生产活动提供的研发设计与其他技术服务，货物运输、通用航空生产、仓储和邮政快递服务，信息服务，金融服务，节能与环保服务，生产性租赁服务，商务服务，人力资源管理与职业教育培训服务，批发与贸易经纪代理服务，生产性支持服务，共十大类。这十个板块和制造业强相关，制造业的各种附加值、服务性附加值都是由它们来代表，这一块如果不到位，制造产品就不会高端化。目前我国虽然制造业增加值占全球比重近30%，但与制造业强相关的生产性服务业却相对滞后，在全球产业链供应链中的位势不高的根源正在于此。

此外，中国的服务贸易在结构、比例上与世界尚不同步。全球的服务贸易占全球贸易总额的比重在30%以上，同期中国的服务贸易占贸易总额的比重仅12.4%，和世界平均水平差了很大一段。2019年我国服务贸易出口1.96万亿元，一半以上是生活性服务业如旅游、景观、接待外宾产生的服务输出，进口的3.46万亿元基本是生产性服务业；逆差1.5万亿元，逆差的主要来源是外国的服务贸易公司做的生产性服务贸易对中国的输出。

在这个意义上讲，培育新质生产力，除了要增加中国服务业占GDP总体比重外，更要增加生产性服务业占整个服务业的比重。力争在2035年使生产性服务业占服务业比重达到60%左右，占GDP比重达到35%以上。尽管这一水平还达不到欧洲、美国的比重，但可以由现在的不到27%左右增加到35%。与此同时，进一步把服务贸易占全部贸易总额的比重从现在的12%（2022年数据）提高到30%，着力提升高端制造中服务价值的比重，促使一大批终端制造产品内嵌的服务附加值达到总价值的50%以上。这是新质生产力制造业的方向。生产性服务业上去了，新质生产力的制造也就上去了。

（三）培育新业态

培育新业态的核心是推动产业变革，是产业组织的深刻调整，有两大关键推力。第一个关键推力是全球化。新业态的形成要与全球潮流连在一起，形成国际国内双循环相互促进的新格局。我们要坚定不移推进制度型开放，促进形成新发展格局。目前，我国的内外循环体制仍处于两张皮状态，尚未完全打通。改革开放几十年，外循环是一个圈，内循环是一个圈，以前是两个部，现在合并了，但管理上还是两张皮。出口的东西要内销非常麻烦，内销的东西要出口也很麻烦，不管是税收制度还是检验检测的制度，或是各种市场准入的制度，都存在这种现象。我们经常说的跨境电商，做了10年，2022年跨境电商进出口达2.11万亿元人民币，占当年我国进出口货物42.07万亿的5%。而对比国内电商，能够把国内贸易批发流通40%线下的变成线上，以至于线上占了40%。为什么国内做得那么畅，国外又做得不畅？因为两张皮，体制不顺。如果打通了，跨境的也做国内跨省的，跨省的也做国际的，就像亚马逊从来不分跨不跨境，从纽约卖到华盛顿和纽约卖到伦敦是一回事。这是一个新的业态，是世界潮流。我们要培育新业态新模式，需要内外贸一体化。换言之，我们的市场体制必须从规则、规制、标准、管理等方面进行改革，形成内外循环一体化、市场化法治化国际化的营商环境。对此，2023年12月1日国务院常务会议研究通过了关于加快内外贸一体化发展的若干措施，提出要对标国际先进水平，加快调整完善国内相关规则、规制、管理、标准等，促进内外贸标准衔接、检验认证衔接、监管衔接，推进内外贸产品同线同标同质。这正是这个改革的深意所在。

　　第二个关键推力是数字化，形成产业互联网。现在，我们的消费互联网做得风生水起，而产业互联网基本上刚刚开始。产业互联网不仅是国内企业的产业互联网，而且包括跨国、国际国内的产业一体化。这种产业互联网有两种。一种是以中国制造2025或德国制造4.0中的产业互联网为代表，是一个企业或者一个集团内部制造业的数字化智能化，实现从市场销售的信息到设计、开发、制造、物流，整个的一体化数字化系统。这是讲一个个的企业，但是市场正在兴起另外一种产业互联网，就是依托互联网的平台和各种终端，将触角伸到全世界的消费者，根据消费者偏好实现了小批量定制、大规模生产、全产业链贯通、全球化配送。在这样的平台上集聚了几百家提供生产性服务业的研发设计、金融保险、物流运输等企业，上千家制造业企业以及几百家原材料供应商，这些企业之间用数字系统进行了全面贯通。依托这个产业互联网平台，这些企业形成了以客户为中心、全产业链紧密协作的产业集群，真正实现了以销定产、以新打旧、以快打慢。现在中国有一批这样的产业互联网，这样的平台放在哪一个城市，哪一个城市就能因此拥有几千亿、几万亿的销售值，同时产生几千亿、几万亿的金融结算，还会带来物流和其他各种服务，就变成金融中心、贸易中心、服务中心。所以谁掌控未来产业互联网全球的平台，谁就是"三中心"莫属。

总之，以战略性新兴产业和未来产业为代表的新制造，以高附加值生产性服务业为代表的新服务，以及以全球化和数字化为代表的新业态形成的聚合体就是新质生产力。我国在这三块——制造业板块、服务业板块和新业态板块都有巨大的潜力。现在的短板，就是未来巨大的增长极。希望通过培育新质生产力，推动中国制造业克服短板，成为未来发展的新增长极。

第一篇
理论内涵

如何科学地理解新质生产力？

◎ 郑永年

〔香港中文大学（深圳）前海国际事务研究院院长、教授，
中国发展战略学研究会副理事长〕

新质生产力的概念提出来之后一直是大家讨论的热点问题，更是2024年中国发展高层论坛和博鳌亚洲论坛2024年年会的中心讨论问题。经验地看，这些讨论一直在拓展着这个概念的内涵和外延。但各种讨论也反映出诸多问题：一个极端是泛化，把"新质生产力"作为一个"形容词"，套用到几乎所有领域；另一个极端是过于狭义，把新质生产力等同于一个或者几个特定的产业。因为人们普遍认为这个新概念必然对今后的政策产生重大影响，混乱的解读也在地方和企业层面产生很大的不确定性。

笔者认为，对新质生产力的解读应当包括三个层面：

1. 这是一个战略性概念，即发展新质生产力是实现中国式现代化的必由之路；

2. 尽管新质生产力的核心是新科技，但并非特指一个或者几个特

定的新科技领域，因此，可以把新质生产力定义为所有能够促进基于技术进步之上提高单位产品科技含量和附加值的经济活动；

3. 发展新质生产力的关键在于构建基础科研、应用技术转化和金融服务"三位一体"的创新模式。

一、新质生产力与中国式现代化

新质生产力的概念是在2022年党的二十大之后提出来的，这个名词应当和党的二十大提出的"中国式现代化"结合起来讨论。推进"中国式现代化"是中国共产党在新时代确立的新使命。中国式现代化是"五位一体"的现代化，即人口规模巨大的现代化、全体人民共同富裕的现代化、物质文明和精神文明协调发展的现代化、人与自然和谐共生的现代化、走和平发展道路的现代化。

这无疑是一个全方位、复合型的现代化定义，也是迄今最高标准的现代化定义。

尽管我们也强调中国式现代化和其他国家的现代化具有共同特性，但我们显然对已经实现现代化的国家所出现的诸多现象并不满意，例如贫富分化的现代化、以破坏环境的方式获得发展的现代化、物质发展了但精神世界贫乏的现代化、在国际上实行殖民地主义和帝国主义的现代化。中国式现代化的目标就是要避免这些问题的发生。但这同时也显示了实现中国式现代化的难度。实际上，仅是从人口规模而言，就能让人理解其中的困难程度。经验地看，已经实现现代化的发达经济体的总人口在10亿左右，而中国拥有14亿人口。

正是因为实现中国式现代化具有如此重要的意义，2023年12月召开的中央经济工作会议强调"必须把坚持高质量发展作为新时代的硬道理""必须把推进中国式现代化作为最大的政治"。

那么如何实现中国式现代化？在这个背景下来讨论新质生产力就具有实质性意义。很显然，没有新质生产力作为坚实的物质技术制度基础，就不可能实现中国式现代化。从这个角度来看，我们应当把新质生产力视为一个具有国家发展涵义的战略性概念。概括地说，发展新质生产力是实现中国式现代化的必由之路。因此，新质生产力并非指一些具体的东西。无论在学术界还是政策研究界，今天人们往往把新质生产力指向一些具体的技术和产业部门，这无疑过于狭义了。尽管新质生产力需要具体的技术和产业部门来表现或者代表，但是把新质生产力等同于这些具体的技术和产业，无疑使得这一概念失去了其应当有的战略涵义。

二、目前对新质生产力讨论的不足

首要且核心的问题是——什么是新质生产力？

目前，对什么是新质生产力的讨论非常多。如果追究和梳理这些讨论，不难发现人们对新质生产力的理解主要有两个来源：第一，从现实世界中找，第二，从科幻文献中找，并且这两个来源是互相关联的。人们根据自己符合科学逻辑的想象力把现实世界中存在的东西（尤其是科技）放大、往前推，就成为科幻，而科幻反过来又影响现实的发展。在这个意义上，人们常说美国好莱坞科幻大片往往是未来科技的代表。

就现实而言，在世界范围内，经济可以分为前沿经济和赶超经济；相应地，技术也可以分为前沿技术和赶超技术。前沿经济往往指发达经济体，赶超经济指发展中经济体。因此，人们自然可以根据发达经济体正在产生的事物来定义新质生产力。就近来的讨论看，大部分人都是看着美国等西方发达国家的发展来定义和讨论我们国家的新质生产力。

一般而言，人们倾向于把新质生产力定义为"三新"，即新制造、新服务和新业态。

（一）新制造

新制造涉及新能源、新材料、新医药、新制造装备和新信息技术五个领域。在这些领域，人们还可以进一步定义新质生产力。例如，有学者认为，称得上新质生产力的并不是那些普通的科技进步，也不是边际上的改进，而是有颠覆性的科技创新。再者，所谓颠覆性科技创新，至少要满足以下五个标准中的一个——新的科学发现、新的制造技术、新的生产工具、新的生产要素、新的产品和用途。

在中国的产业背景中，新制造就包括新一代信息技术、生物技术、新能源、新材料、高端装备、新能源汽车、绿色环保，以及航空航天、海洋装备等战略性新兴产业，也包括类脑智能、量子信息、基因技术、未来网络、深海空天开发、氢能与储能等前沿科技和产业变革领域的发展。

（二）新服务

传统上，服务业具有广泛的涵义，但新服务被视作为新制造提供的服务，并且这个服务的重点在于镶嵌在全球产业链、供应链中，对全球产业链具有重大控制性影响的生产性服务业。

应当指出的是，服务业的参照也来自发达经济体。在服务业领域，当前世界经济版图呈现出三个特征。

1. 在各种高端装备里面，服务业的价值往往占这个装备或者这个终端50%—60%的附加值。

2. 整个世界的服务贸易占全球贸易比重越来越大。例如，30年以前，服务贸易占全球贸易总量的5%左右，现在已经达到了30%，货物贸易比重在收缩，服务贸易在扩张。

3. 世界各国尤其是发达国家，其GDP总量中生产性服务业的比重越来越大。比较而言，中国的生产性服务业增加值占GDP比重约为17%—18%，跟欧盟（40%）、美国（56%）相比差距还是比较大的。

（三）新业态

新业态的核心是产业变革，是产业组织的深刻调整。新业态有两个关键推动力，即全球化和信息化。

很显然，类似这样的对新质生产力的定义和讨论，基本上是根据发达经济体的现状或者他们的未来来描述新质生产力的。应当强调的是，对我们这样的依然处于赶超局面的经济体来说，这样的概括和描述非常重要，因为它至少使得我们了解发达经济体的现状和前景，让我们知道下一步要赶超什么。

但是，对新质生产力这样一个具有深远战略涵义的概念来说，这样做远远不够。

第一，这样做不能回答一个最关键的问题，即新质生产力来自何处？或者说，新质生产力是如何产生的？如果不知道新质生产力是如何产生的，而只知道什么是新质生产力，那么我们就很难从赶超经济转变成为前沿经济，从赶超技术转型成为前沿技术。只有知道了新质生产力从何而来，我们才能实现从零到一的原创，才能成为前沿技术和前沿经济。

第二，这样的描述过于聚焦经济（技术）要素，而忽视了制度要素。尽管新质生产力的核心是技术，但每一种技术的产生是一个系统的产物。

第三，这样的描述和讨论并没有解决现存（传统）产业和新质生产力之间的关系。下面还会强调，这第三个问题对中国来说尤其重要，因为传统产业构成了国民经济的底盘或基础。

三、回到马克思

我们认为，无论是尝试定义新质生产力还是要回答新质生产力来自何处，我们都可以回到马克思提出的两个主要论述：一个是马克思关于生产力和生产关系的论述，另一个是马克思关于经济基础和上层建筑的论述。

在马克思的论述中，生产力指的是生产的物质内容，而生产关系指的是生产的社会形式内容，生产力和生产关系的有机结合和统一构成了"生产方式"。当生产关系适应生产力发展的时候，它会对生产力的发展起推动作用；反之亦然，当生产关系不适应生产力发展的要求，生产力就会停滞不前。生产关系和生产力这两个要素之间的内在矛盾不断出现又不断解决，这是一个无穷无尽的过程，推动着整个生产系统不断自我更新。

再者，在马克思的理论框架中，一个特定的人类社会总是由两部分构成，其一称为经济基础，其二称为上层建筑。经济基础指的是一个社会的生产方式，上层建筑指的是社会中与生产没有直接关系的其他关系和思想，包括文化、制度、政治权力结构、社会角色、仪式、宗教、媒体、国家机器等。经济基础并非单向地决定上层建筑，上层建筑也能影响经济基础，但经济基础在社会中占主导地位。

从马克思的角度，我们至少可以看到如下三点：

1. 新质生产力的重要性。生产力是一个社会的物质基础，是发展的推动力。

2. 生产关系要符合生产力，上层建筑要符合经济基础，否则一个社会就会出现两种情况：要么生产力发展受到阻碍，要么社会秩序出现问题。

3. 一个社会的各种制度设计也是新质生产力的一部分，要么推进新质生产力，要么阻碍新质生产力。

无论从哪个角度看，技术都是新质生产力的核心。这一点发达国家和发展中国家都是一样的。实际上，近代以来，人们往往是从技术的发展和建立在技术发展之上的工业发展角度来定义现代化的。经验地看，正是基于技术进步之上的产业升级促成一个经济体从低度发展转型成为中等收入国家，再从中等收入国家转型成为高收入国家。无论是最先实现现代化的欧美国家还是后来亚洲的日本和"四小龙"，都是如此，而那些转型没有成功的经济体大都始终停留在中等经济发展水平。例如，拉丁美洲、非洲和亚洲的很多经济体，尽管在现代化的早期都经历了很不错的发展，但因为缺失持续的技术进步，始终无法实现从中等收入经济体到高收入经济体的转型。经验地看，很多发展中国家迄今维持在中等收入水平，有些甚至倒退，处于低度发展状态。

四、新质生产力讨论需要避免的几个误区

因此，在讨论新质生产力从何而来的问题之前，首先需要澄清四个常见的认识误区。

（一）要正确理解基于技术进步之上的产业升级

如前所述，大多数人讨论新质生产力的时候，都会指向正在发生的前沿产业或者有潜力的未来产业和颠覆性产业。我们并不这样认为，不是所有新产业就一定是新质生产力，也不是传统产业就和新质生产力无关。颠覆性技术和颠覆性产业多长时间才会出现？历史地看，需要数十年甚至上百年时间。英国工业革命发生迄今250多年，人类刚刚开始第四次工业革命。经验地看，颠覆性技术和产业可遇不可求。因此，把新质生产力定义为仅包含颠覆性技术和产业过于理

想，也过于狭义。

实际上，我们可以从经济发展历史中看到，产业升级主要有两种方式：

1. 从一种被视为传统的产业转型成为一种被视为先进的产业，例如今天生产鞋帽，明天生产电子产品；

2. 在同一产业上的升级，即不断提高同一种产品的附加值。例如，同样一件衣服，既可以卖500元，也可以卖5000元，甚至50000元。这方面我们已经有了深刻的教训。在过去，我们曾经提倡"腾笼换鸟"，但许多地方没有处理好破与立的辩证关系，赶走了被视为"落后产业"的"鸟"，笼子腾空了之后，却没有招来代表先进产业的"鸟"，对当地的经济产生很大的负面影响。这样的情况也发生在很多国家，在这些国家，产业被大规模地转移到其他国家，导致了"去工业化"的局面。

今天，我们必须注意，发展新质生产力要特别注意三点。

1. 绝对不要忽视、放弃传统产业，而是要提高传统产业的技术含量和附加值。这一点对我们很重要，因为传统产业构成了整个国民经济的底盘和基础。

2. 先立后破，发展新的产业。实际上，不需要通过行政的力量来促成产业的转型和升级，而应当用市场竞争的力量来促成这一过程。新产业产生了，自然会对旧产业构成竞争压力。

3. 对新产业要防止一哄而上、泡沫化。在我们国家，因为政府掌握着大量资源，一旦政府认定哪些领域是新质生产力而哪些不是，资源就会被导向那些被视为新质生产力的领域，而对那些不被视为新质生产力的领域的投入就会大大减少，甚至取消。所以，决策者对新质生产力的科学认识非常重要。其实，无论是新产业还是传统产业，凡是能够提高单位产品附加值的都可以被定义为新质生产力，至少具有新质生产力要素。

在这方面，过去苏联的经验教训一定要吸取。美国和苏联搞军事竞赛，结果苏联把所有资源导向了军工企业，民生经济得不到发展，导致日后不想看到的局面。直到今天，俄罗斯还没有解决民生经济问题。过去几年，我们自己也有教训。因为美国对中国的芯片"卡脖子"，所以大家都来搞投入，结果造成大量的浪费。对新技术的投入很重要，但必须基于科学理性的态度之上。我们要主动向美国学习，但绝对不能被美国牵着鼻子走。

（二）新质生产力不能一刀切

因为产业分布的不同，新质生产力对沿海和内地来说具有不同的涵义，新质生产力不是沿海内地搞同一种东西，搞同一种模式。

（三）新质生产力不仅仅指工业，而应当包括更为广泛的领域，尤其是农业

因为技术往往发生在工业领域，所以人们往往忽视农业领域的新质生产力。农业产品也要提高单位附加值。所有发达经济体都找到了实现农业现代化的有效途径，尤其在东亚，日本、韩国和中国台湾等经济体的农业都具有新质生产力成分。

（四）新质生产力不是技术决定论

尽管技术是新质生产力的核心，但新质生产力不应当局限于科技领域，而应当具有更广泛的内容，包括制度安排和营商环境，因为技术创新都发生在特定的制度安排和营商环境内。

五、创新与新质生产力

作为经济发展战略概念，新质生产力可以理解为能辅助国家在技术水平提升的基础上推动产业升级的所有经济活动。那么，一个核心的问题便是如何发展新质生产力。

自工业化发生以来，世界经济的发展就是一个持续创新的过程，被称为"创新经济"。尽管创新涵盖制度和技术等很多方面，但核心是技术创新。一种新技术的诞生不仅催生新的产业，也促成其他方方面面的制度创新。新技术的产生对现存社会往往是颠覆性的。新技术所产生的新经济利益打击旧的经济既得利益，改变现有的社会结构，迫使现存制度体系进行改革。因此，经济学家熊彼特把这个过程称为"创造性毁灭"。

根据近代以来世界经济发展经验和我国的实际情况，实现"创造性"需要具备三个核心生产要素和一个有效的支持环境。

概括地说，一个国家要发展新质生产力，必须具备三个核心要素。

1. 必须具有一大批有能力进行基础科学研究的大学与科研机构。

2. 必须具有一大批有能力把基础科研成果转化成应用技术的企业或者机构。

3. 必须具有一个开放的金融系统。无论是基础科研还是应用技术的转化都需要大量的金融支持。

这三个条件必须互相配合，缺一不可。一旦缺失其中一个条件，技术创新不仅很难进入一个良性循环，实现持续进步，而且会在某个节点上戛然而止。正是因为这三者之间的紧密关联，在西方，人们把技术创新过程称为"国家、市场和金融"三者之间的一场持续"游戏"。也就是说，国家负责基础研究，市场负责应用技术，而金融负责基础研究到应用技术的转化。

支持要素是一个复合系统。就中国目前的情势而言，我们认为需要做好如下三方面的事情。

（一）在内外形势变化中，扩大制度型高水平开放是发展新质生产力的战略保障

扩大制度型开放的有效方法是精准的单边开放。需要根据自身发展需要，瞄准单边开放的重点领域和重点对象，包括人才、服务贸易、数字、金融等对发展新质生产力具有全局性影响的领域。精准的单边开放应该循序渐进、由点带面，推进制度型开放试点，成熟后在全国层面修法修规、全面推广。

1. 在粤港澳大湾区、长三角等开放基础好的地区，试点人才、数字领域单边制度型开放，下放一揽子权力。

2. 在海南自由贸易港，加快服务贸易领域单边制度型开放进程。

3. 鼓励和支持全国21个自贸试验区进行合理分工，结合自身产业优势和特点，推进单边制度型开放的差异化试点。

4. 鼓励经济特区利用特区立法权加快单边制度型开放的探索。

5. 及时评估和总结各个试点的经验，条件成熟时启动全国层面修法修规进程，运用国内立法形式建立单边制度型开放的"冻结机制"和"棘轮机制"。

（二）国际化、法治化、市场化的营商环境是发展新质生产力的环境保障

从国际经验来看，在当前新科创时代，民营企业成为发展新质生产力的主体。以生成式人工智能的技术发展为例，大模型的高昂成本正在让传统的创新主体从高校和科研院所转向大企业。Meta、谷歌和微软等公司向人工智能领域投入数十亿美元，即使是美国最富有的大学也面临着巨大的资源差距。所以，国内发展新质生产力也要鼓励民营企业和平台企业的大力参与。考虑到过去几年对民营经济的整顿，如何让这些民营企业不要"躺平"，而是鼓足干劲与美国竞争发展新质生产力，关键的一点是为民营企业建立起一个国际化、法治化和市场化的营商环境。营商环境涵盖了企业由"生"到"死"全生命周期的环境要素，主要包括市场准入、获得生产要素、竞争政策、产权保护、税负水平、市场监管、争端解决、基础设施、法治环境等要素。特别要重视权利、空间、手段——解决企业家关心的三项营商环境核心问题。就权利而言，民营企业家和企业的权利核心在于生命安全和财产安全，资本的原始积累、政商关系中的官员牵连等问题影响着这些权利的实现。就空间而言，在规制型市场经济，企业的空间会受到诸多限制，国家会限定企业参与部分被认为不可接受的经济活动。而中国企业的空间更具有特殊的背景，需要解决好国有企业、国有资本与民营企业、民营资本之间的关系。就手段而言，主要指向金融，应主要通过金融体制改革来为企业"松绑"。

（三）开放的国际化人才体系是发展新质生产力的人才保障

大国竞争的核心是人才竞争，打造开放的人才体系是赢得人才竞争的关键。通过对诺贝尔科学奖获得者的画像分析，我们发现，诺贝尔物理学奖、化学奖、生理学或医学奖获得者中有近三分之一是移民，诺贝尔经济学奖获得者中的移民比例也超过30%。开放的人才体系对科学技术发展的作用可见一斑。美国、德国、英国和日本开放的人才移民制度值得中国借鉴。从实际看，与美国等发达国家相比，我国尚未建立起系统的移民制度体系，现行的外国人才政策仍存在碎片化、高成本、不便利的问题，在吸引国际人才尤其是海外高技术人才方面处于竞争劣势。我们建议，在大湾区内地九市试点吸引全球顶尖科技人才的"湾区技术移民计划"，为大湾区探索发展新质生产力的人才路径。2019年出台的《粤港澳大湾区规划纲要》明确提出，"在技术移民等方面先行先试，开展外籍创新人才创办科技型企业享受国民待遇试点"，但目前进展不明显。"湾区技术移民计划"，针对的是高新技术领域的顶尖人才，探索类似技术移民的长期居留签证，持卡者可在三地享受一卡通行、一卡通办、一卡优惠，加强对全球顶尖科技人才的吸引力。大湾区内地九市还应当加强与港澳人才开发的协同，积极推广"生活在港澳，工作在内地""受雇于港澳，智力发挥面向大湾区"等柔性引才方式。

关于新质生产力的若干理论问题

◎赵振华

〔中共中央党校（国家行政学院）经济学教研部主任、教授〕

2023年9月7日在新时代推动东北全面振兴座谈会上，习近平总书记首次提出新质生产力的概念，此后他又围绕新质生产力问题发表一系列重要讲话。本文就新质生产力的若干理论问题展开探讨，以期更好地理解和把握其内涵，推进中国式现代化建设和高质量发展。

一、准确把握新质生产力的内涵

生产力是人们改造自然、利用自然的能力，是推动社会进步的最活跃最革命的因素。生产力是历史的，今天的生产力是过去世代积累的结果，同时今天的生产力又是未来生产力的基础；生产力是现实的，表现为庞大的创造社会财富、利用自然、改造自然的能力。犹如生物体进化，社会发展和进步的过程就是新陈代谢过程，生产力不断地在已有基础上繁衍出新生力量，给人类社会带来新的希望。

习近平总书记在中央政治局第十一次集体学习时的重要讲话中深刻地分析了新质生产力的内涵，学习领会这一重要论述，需要把握以下几点。

（一）科技创新起主导作用

新质生产力是在当代科技进步条件下新兴产业特别是战略性新兴产业所产生的具有新的性质、新的属性的改造自然、利用自然的能力。它是在当代最新科技特别是在信息化、智能化、网络化等条件下形成的生产力，是重塑生产方式和生活方式、以高质量发展带来高品质生活的生产力，是以科技创新为引领、全面提高要素生产效率和全要素生产率的生产力。

形成生产力并不意味着产生新质生产力，有且只有由科技创新形成的生产力才是，因为只有科技创新才能提供新的产品和服务，才能改善性能和提升品质。发展新质生产力，创新是途径，也是动力之源。我们必须深刻理解当今世界范围内科技创新的以下特点：

一是创新速度越来越快。农耕社会，往往上百年甚至几百年才会在某一领域有所突破。工业社会之后，创新周期大大缩短，三次产业革命的间隔都非常短。美籍奥地利经济学家约瑟夫·阿洛斯·熊彼特提出了著名的创新周期理论或者说长周期理论。他认为，资本主义经济发展经历了三个长周期：从18世纪70年代到1842年，由蒸汽机的发明引起的纺织工业的创新；从1842年到1897年由蒸汽机的广泛应用而产生的钢铁业的创新，可称之为蒸汽与钢铁时代；从1897年到20世纪20年代末，由于电学、化学发明和技术革新引起的工业创新，产生了电气、化学和汽车时代。[①]到今天，新技术新产品层出不穷，技术不断迭代，创新周期越来越短。如通信行业已经从1G发展到5G，并正向6G迈进。

二是创新领域宽。从人类科技发展史来看，第一次科技革命的主要标志是纺织机和蒸汽机；第二次科技革命的主要标志是电的发明、内燃机的应用、电报的发明、汽车的发明等；第三次科技革命的标志是原子能、电子计算机、空间技术、生物工程等，涉及信息技术、新能源、新材料、生物技术、空间技术和海洋技术等，目前第三次科技革命仍在持续推进中。当然，学术界对信息革命是否可称作第四次产业革命有不同看法。

三是通用技术越来越多，并被广泛应用于人类生产和生活的方方面面。特别是数字化技术已经渗透到各个产业和生活的各种场景，人们的生产和生活已经离不开"数字"。

四是学科交叉融合趋势愈益明显。过去单一学科的技术突破被多学科融合突破所代替，有的科学技术已经分不清属于哪一个学科，不仅在学科内部呈现专业交叉融合，更是在学科之间呈现交叉融合。问题是不分学科的。

五是影响更为广泛而深刻。当今时代，新的科学技术既改变着人类的生产方式，也深刻地改变着人类的生活方式和思想观念，既给人类带来巨大福祉，也带来前所未有的挑战。正如习近平总书记在中国

[①] 参见谭崇台主编：《西方经济发展思想史》，武汉大学出版社1993年版，第393—394页。

科学院第二十次院士大会、中国工程院第十五次院士大会和中国科协第十次全国代表大会上的讲话中所指出的："当前，新一轮科技革命和产业变革突飞猛进，科学研究范式正在发生深刻变革，学科交叉融合不断发展，科学技术和经济社会发展加速渗透融合。科技创新广度显著加大，宏观世界大至天体运行、星系演化、宇宙起源，微观世界小至基因编辑、粒子结构、量子调控，都是当今世界科技发展的最前沿。科技创新深度显著加深，深空探测成为科技竞争的制高点，深海、深地探测为人类认识自然不断拓展新的视野。科技创新速度显著加快，以信息技术、人工智能为代表的新兴科技快速发展，大大拓展了时间、空间和人们认知范围，人类正在进入一个'人机物'三元融合的万物智能互联时代。生物科学基础研究和应用研究快速发展。科技创新精度显著加强，对生物大分子和基因的研究进入精准调控阶段，从认识生命、改造生命走向合成生命、设计生命，在给人类带来福祉的同时，也带来生命伦理的挑战。"

六是能够进行颠覆性技术创新的国家越来越少。由于进入高科技的门槛越来越高，需要庞大的稳定的高精尖人才队伍、持续的大规模的资金支持和处于技术前沿的平台，需要有利于创新的财政保障机制、金融体制和市场化的激励机制等机制保障，故能够拥有前沿技术的国家越来越少。换言之，领跑者越来越少。

（二）具有高科技、高效能、高质量的特征

高科技是新质生产力的重要特征。马克思曾言：生产力中也包括科学；劳动生产力是随着科学和技术的不断进步而不断发展的。生产

资料是生产力的基本要素之一，它是同一定的科学技术相结合的，高科技主要体现在生产资料上。所谓高科技是科学发现和技术发明经过产业化之后沉淀的产业技术，"高"既体现技术特征，又具有时代性，也就是当代最前沿的科学技术，具有高效率的特征。

高效能更多是指新质生产力的发展过程所具备的质效，其中既有先进科学技术的贡献，也有资源配置效率提高的贡献；既有人的作用，也有物的作用。现代科学技术飞速发展并向现实生产力转化，优化了生产力中的劳动者、劳动工具、劳动对象的配置，相应也要求有更高的管理水平以提高效率。

高质量是新质生产力发展的结果。质量是人们对产品或服务的使用要求和满足程度，它不是固定不变的，而是处于不断的动态改善中。随着科学技术的进步和管理水平的不断提高，产品和服务的质量呈现稳定性，产品性能不断提高。

（三）符合新发展理念

理念决定行动。党的十八届五中全会首次提出"创新、协调、绿色、开放、共享"的新发展理念。创新发展注重解决发展动力，包括经济层面的资源配置、技术、市场、管理等的创新，政府层面的体制创新，社会层面的治理体系创新等。创新特别是技术创新在新质生产力发展中起主导作用，是解决传统经济增长方式和生产力发展路径依靠要素大量投入、牺牲环境等问题的根本出路。协调发展注重解决发展不平衡问题。市场机制中竞争带来的结果之一是生产要素向优势区域集中，导致区域、城乡以及经济与社会发展等的不协调。在发展新理念引领下发展新质生产力，一方面可以实现国民经济持续增长，做大蛋糕，为支持欠发达地区以及农村等的发展提供强大的物质基础和财力支撑；另一方面，通过宏观调控以及深化改革构建与新质生产力相适应的新型生产关系，通过对口支援、区域合作、财政转移支付、普惠金融等实现平衡发展，更好地解决传统经济发展方式所产生的经济和社会问题。绿色发展注重促进人与自然之间的和谐。通过技术创新、资源优化配置和产业升级发展新质生产力，可以不断地降低资源和能源消耗、减少排放，最大限度实现资源的可持续利用。新质生产力就是绿色生产力。环境问题是发展中的问题，是生产力不够发达的结果，正确的途径是加快发展新质生产力，用高质量发展来解决。开放发展注重内外联动。开放有利于生产要素在全世界范围内高效配置，有利于引进短缺的人才、技术、管理经验和资源；同时，改造传统产业、壮大新兴产业、培育未来产业，发展新质生产力，占领世界科技进步的制高点，又有助于深度扩大开放，更好地实施引进来和走出去战略，扩大规则、规制、管理、标准等制度性开放才更有底气。共享发展注重解决社会公平正义问题。一方面，发展新质生产力可以促进经济持续增长，创造更多的社会财富，为二次分配提供强大的物力支撑，改善国民收入分配格局，可以创造更多的就业机会，改善就业环境，提升就业质量；另一方面，新质生产力的发展客观上要求深化改革，通过改革的办法弥补市场机制的弊端，把收入和财富差距控制在合理区间，分配好社会财富，促进社会和谐。

（四）由技术革命性突破、生产要素创新性配置、产业深度转型升级而催生

首先，先进科学技术是新质生产力发展的内在动力。技术进步有渐进式的，也有革命性或颠覆式的。前者是在现有的技术基础上不断改进、完善、提高，后者则是由长期的科学发现的积累和技术试验的重大突破，在较短时间内引发的革命性变革。革命性的突破，一方面包括沿着原有的技术路线实现重大技术突破，比如汽车从手动挡位到自动挡位，再到今天的无人驾驶技术，都是重大技术突破；另一方面是跨界发生的技术变革。比如，运用杂交方法不断选育优质种子属于改良性的技术进步，通过基因编辑或太空育种等方式选育优质种子则属于革命的技术突破。当今时代，我们处于汹涌澎湃的新技术和产业革命浪潮中，涉及的技术革命领域广泛、影响深刻，为我国产业升级和发展新质生产力提供了难得的机遇。

其次，新质生产力由新的生产要素的创新性配置催生。生产要素是企业生产必不可少的条件或因素。伴随着科学技术进步，生产要素不仅数量上增多、质量上不断提高，而且配置方式也发生革命性变化。一方面，每增加一个生产要素就可以形成更多的组合；另一方面，不同的生产要素要按照周期性需求分配在不同的时间段，确保时间上的继起性。不仅生产过程中需要生产要素的合理配置，而且生产和流通也要相互衔接。在传统生产方式下，生产要素配置可以"大致""差不多"，而在新的技术特别是人工智能辅助下，可以做到而且必须做到更加精准。在信息时代，运用互联网的力量从全球范围配置

生产要素已经成为现实，这就属于创新性的配置。从微观角度来讲，运用大数据，准确计算不同要素的配置比例及时间要求，也是资源创新性的配置。这也使得资源配置效率极大提高。不仅单个生产要素效率提高，如劳动生产率、资本产出率等极大提高，而且全要素生产率也大大提高；不仅一个企业内部的资源配置效率提高，而且全社会的资源配置效率也大大提高。

无论是科技创新还是生产要素创新性配置，都要体现到企业生产中，最终体现为产业的深度转型升级，也就是用最先进的技术改造传统产业，发展新兴产业特别是战略新兴产业，淘汰落后的技术和产能，形成引领市场和消费的新模式、新产业和新产品。

（五）生产力三要素及其优化组合的跃升

劳动者、劳动资料、劳动对象是构成生产力的基本要素，其优化组合的跃升表现在两个方面。一方面是每一种构成要素的质的提升，包括劳动者素质的提高、劳动资料的科技含量提升、劳动对象的增多等。劳动者素质提高和先进生产资料使得原来不可利用的劳动对象变得可以利用，比如，在传统技术条件下，农作物秸秆大多还田利用，一度被农民大面积焚烧，而今生物秸秆却被加工成各种环保板材，还可以提取多种生物质料，成为不少商家争抢的香饽饽。另一方面，形成新质生产力的各要素之间有一个合适的比例或者适配性。生产要素配置的比例是动态变化的，任何一种生产要素发生变化，都会引起连锁反应。在生产力构成三要素中，劳动者素质起主导作用，没有劳动者素质的提高，就不可能有科技进步，也不可能更好地使用生产资料改造劳动对象，更不可能开发、制造更高科技含量的生产资料。

（六）以全要素生产率大幅提升为核心标志

所谓全要素生产率是指各生产要素投入之外的由技术进步和能力提高等实现的产出增加，也就是除去劳动、资本、土地等要素投入之后的"余值"，或者说是单个要素生产率无法衡量和计算的劳动生产率，主要由技术进步和资源配置效率提高产生。

二、深刻理解新质生产力的价值创造和价值实现

商品的价值是"无差别的人类劳动的单纯凝结，即不管以哪种形式进行的人类劳动力耗费的单纯凝结"。形成价值需要具备以下条件：一是人类的劳动，不是人类的劳动如驴拉磨、蜜蜂采蜜等都不能产生价值；二是要凝结在商品中，离开商品范畴就谈不上价值的创造；三是消耗了人类的体力和脑力劳动。

新质生产力表面看似乎是由科学技术和先进机器、机器人、人工智能等推动的，但实质上是人起关键作用推动的。即使已经发展到深度学习、自动生成阶段，背后依然是编制程序的科学家、工程师发挥主导作用。

有且只有人的活劳动才是价值的唯一创造者，再先进的机器也是机器，机器人是机器不是人，人工智能模仿人脑功能，其活动依然不是人的劳动，因此，都不创造价值。

先进机器、人工智能不创造价值，但不能否定其在经济社会发展

中的重大作用。一是形成了改造自然、利用自然的新能力，创造出更多更好的使用价值，创造了更多的新的物质财富和精神财富，不断地提升人类的生活质量。二是促进一个国家或地区形成核心竞争力。要想在愈益激烈的国际竞争中取胜，就必须促进科技进步，应用先进科技物化的成果——机器及机器体系。三是促进企业形成核心竞争力并带来更多的超额利润。

战略性新兴产业、未来产业形成的新产品，需要进入市场，接受市场的考验，把产品变为商品，把商品变为货币，最终进入消费领域，这时产品才完成了历史使命。市场是衡量新质生产力创造的使用价值的最好尺子，也是实现其价值的唯一路径。

推动形成新质生产力必须让市场在资源配置中发挥决定性作用。一是生产要素来自市场。二是市场有定价权，特别是劳动力和管理者贡献的定价权，各种生产要素按照贡献份额获得相应报酬。三是市场平等竞争。四是产权得到有效保护。政府的作用在于为新质生产力的形成和发展提供市场化、法治化、国际化的营商环境，而不是简单地提供各种优惠政策，更不是关起门来搞地区封锁和部门分割。

形成新质生产力需要遵循科学研究规律和科技成果转化规律。科学研究是探索未知，探索就可能成功，也可能失败，要有容忍失败的机制和耐心，凡事不能急于求成。对于孵化出的新成果需要通过风险投资予以培育。同时，还要培育实体的或虚拟的科技市场，促使科技成果交易。

三、着力平衡好新质生产力与传统生产力的关系

2024年3月5日下午，习近平总书记在参加十四届全国人大二次会议江苏代表团审议时强调，要牢牢把握高质量发展这个首要任务，因地制宜发展新质生产力。面对新一轮科技革命和产业变革，我们必须抢抓机遇，加大创新力度，培育壮大新兴产业，超前布局建设未来产业，完善现代化产业体系。发展新质生产力不是忽视、放弃传统产业，要防止一哄而上、泡沫化，也不要搞一种模式。各地要坚持从实际出发，先立后破、因地制宜、分类指导，根据本地的资源禀赋、产业基础、科研条件等，有选择地推动新产业、新模式、新动能发展，用新技术改造提升传统产业，积极促进产业高端化、智能化、绿色化。

习近平总书记的讲话为我国各地高质量发展指明了方向，是发展新质生产力的方法论。特别强调要因地制宜。"地"就是各地发展的实际条件，就是各地发展的差异或差距，不能不顾实际，不问条件，盲目追求"高"和"新"，不能不顾条件地放弃传统产业。

传统生产力和新质生产力共同体现一个国家或地区的综合生产力水平。传统生产力是基础，新质生产力是关键。只有落后的技术和产品，没有落后的产业。纺织业是传统产业，但利用先进技术进行改造，同样可以织出全世界最高端、最有附加值的布料。

新兴产业、未来产业是引领和形成新质生产力的主导力量。新质生产力和传统生产力既存在替代关系，也存在互补关系。新兴技术必

将替代传统产业中的落后技术,同时为传统产业注入新的科技基因。

一方面,传统产业通过技术改造可以成为新兴产业,形成新质生产力。另一方面,战略性新兴产业若不及时跟踪和应用新技术,可能会被迅速淘汰,未来产业若不能深耕技术和市场,也可能只是潜在生产力,而不能形成现实的新质生产力。

新质生产力代表了未来一段时期乃至很长时期的生产力的前进方向和必然趋势,但新产品、新技术占领市场需要时间。传统产业中的落后技术、落后产品退出市场是一个渐进过程。

在更多情况下,传统产业与新兴产业、萌芽中的未来产业并存,新产品与旧产品、新技术与旧技术同在。特别是我国国土面积广大,各地区风俗习惯不同,不同收入群体有较大差距,这些都决定了多代产品、多代技术并存于市场。

因此,要坚持的基本原则是立破并举,先立后破,韬略是腾笼换鸟,技术导向是高水平科技自立自强。形成新质生产力既需要国家队,这里的国家队不是政府指定的而是由市场形成的、担负集成创新功能的龙头企业或单打冠军,也需要千千万万中小企业承担某一领域或某个工序的创新。每一个产业都可能形成新质生产力,不能把这当成少数新兴产业和未来产业的事,也不能错误地认为新质生产力是个别科技型企业的事,而是需要形成万众创新的局面。

形成新质生产力既需要发挥国有企业的作用,也需要发挥民营企业的作用,要坚持"两个毫不动摇";既要通过市场竞争促进企业和产品优胜劣汰,又要充分发挥政府的作用,特别是在具有公共产品性质的科学研究、重大项目攻关等上面的作用;既要充分发挥我国超大规模的市场优势，也要充分发挥我国产业体系完备的优势。

要重视应用学科，更要重视基础学科。新质生产力的形成是基础学科和应用学科共同推进的结果。没有科学的进步就难以实现技术的突破。

科学技术的原创遵从两条路线：一条是围绕应用展开，坚持问题导向；另一条就是基础科学突破，坚持实践导向。由此，我们既要重视眼前，又要着眼长远；既要重视技术应用及应用学科，又要重视基础学科；既要重视技术发明，又要重视科学发现。

需要强调的是，要建成社会主义现代化强国，需要高度重视基础学科。从一定意义上讲，数学等基础学科发展到哪里，社会文明才能进步到哪里。基础学科为应用学科提供坚实的基础。基础学科未必很快产生成果，需要长时间、大投入，需要有战略定力，要容忍基础理论、基础学科长时间不产生新成果，一旦产生新成果，往往对传统生产力有颠覆性影响，且影响极其深远。

新质生产力：
马克思主义生产力理论的最新成果

◎王大树

（北京大学经济学院教授）

2023年在黑龙江考察期间，习近平总书记提出一个全新的概念——"新质生产力"。什么是"新质"？简单说，"新质"即新的质态，就是由质变产生的新性质、新特征、新功能。新质生产力涉及领域新、技术含量高、知识密度大，是传统生产力因科技创新与产业升级在信息化和智能化生产条件下所衍生的新形式和新质态。

一、新质生产力的理论创新

新质生产力这一概念的提出和阐释，是对马克思主义生产力理论的创新和发展，进一步丰富了习近平经济思想的内涵。

按照马克思主义的基本原理，生产力是具有劳动能力的人同生产资料相结合而形成的利用和改造自然的能力。一般都认为生产力包括劳动者、劳动资料、劳动对象三要素，还包含科学技术，其中任何要素的发展应用，都会引起生产力的变化甚至变革，生产力要素新的组合方式和新生产要素的发现和组合应用对新质生产力的培育和形成起决定性作用。

随着对劳动力、生产资料、生产过程、人与自然关系认识的深化，人们逐步发展了对生产力内涵、外延和特征的认识，明确了劳动力即人的劳动能力，包括体力劳动和脑力劳动，脑力的大小和效率的高低主要由劳动者学习和掌握的科学技术和知识的状况（数量、广度、深度）所决定，而包括劳动资料和劳动对象在内的生产资料的种类、性能、质量、效率主要也是由科学技术水平所决定，所以邓小平同志在马克思所说的"生产力里面也包括科学在内"的基础上，进一步提出"科学技术是第一生产力"。

认识的深化要求我们对生产力做出更为科学的界定：生产力应是人类进行社会生产的能力，主要内容包括科学技术、劳动力和生产资料（劳动资料和劳动对象）。由于科学技术、劳动力、生产资料是不断发展变化的，因此在不同的时代和发展阶段，生产力的状况或者说发展水平是不完全相同的。

从时代来看，新质生产力以第三次和第四次科技革命和产业革命为基础，以信息化、网络化、数字化、智能化、自动化、绿色化、高效化为主要特征。不同于传统生产力，新质生产力以科技创新作为主导推动力量，以战略性新兴产业和未来产业作为主要产业载体，具有新的时代特质与丰富内涵。新质生产力是由技术革命性突破、生产要素创新性配置、产业深度转型升级而催生的当代先进生产力，它以劳动者、劳动资料、劳动对象及其优化组合的质变为基本内涵，以全要素生产率提升为核心标志。

二、新质生产力的内涵特征

创新、新兴产业、未来产业是新质生产力的三个方面，意涵丰富、相互关联，构成一个完整的链条：创新是手段，目标是形成一批颠覆性技术和重大原创成果，培育一大批行业领军企业，形成若干个全球领先的战略性新兴产业和未来产业集群。

新质生产力的关键在于科技创新。由此，创新驱动成为"新"的关键，高质量发展则成为"质"的锚点。2023年12月，中央经济工作会议提出"要以科技创新推动产业创新，特别是以颠覆性技术和前沿技术催生新产业、新模式、新动能，发展新质生产力"，这里强调的"颠覆性技术和前沿技术"，是加快形成新质生产力的"关键变量"，也是推动经济高质量发展的"最大增量"。

生产力是人利用和改造自然的能力，而新质生产力不仅指劳动能力，还包含创新能力。生产力的数字化、智能化是新质生产力的重要特征，也是新一轮科技革命和产业变革条件下生产力发展的基本趋势。新质生产力呈现出创新驱动的典型特征：一是涉及领域新，人工智能、区块链、云计算、大数据、物联网、量子技术、智能制造等技术群逐渐聚合并引发"技术奇点"，不断催生出新技术、新产业、新业态、新模式；二是技术含量高，新质生产力以创新为引擎，不断摆脱要素驱动的数量型增长模式，日益体现质量变革、效率变革、动力变革。

科学技术是第一生产力，新质生产力是科学技术在产业中应用的具象和现实体现。科技革命和生产力发展的历史表明，依靠科技创新促进生产力发展是一条普遍规律。第二次世界大战之后，生产力高水平发展，生产力的构成要素，无论是劳动力、劳动工具，还是生产经营管理模式，都发生天翻地覆的变化。科学技术成为推动生产力发展的根本力量，生产力要素、结构、性质、规模、方向都出现了革命性的变化，科学技术成为生产力要素最关键、最重要的因素。

形成新质生产力的目的在于培育新兴产业和未来产业。战略性新兴产业是引领经济发展的新支柱、新赛道。进入新时代以来，中国高度重视战略性新兴产业，在新支柱产业领域实现了一系列重大突破，释放出强劲生产动能。以重大技术突破为基础，新兴产业知识技术密集、物质资源消耗少、成长潜力大、综合效益好，对国民经济全局和长远发展具有重大的带动作用。新兴产业处在科技和经济发展前沿，在很大程度上决定着国家和地区的综合实力特别是核心竞争力。

未来产业由处于探索期的前沿技术所推动，以满足不断升级的社会需求为目标，当前尚处于萌芽期或孕育孵化阶段，发展成熟后会实现产业转化且对国民经济具有巨大带动作用。未来产业也愈加成为世界各国竞相角逐的焦点。我国要求在未来产业上要聚焦元宇宙、脑机接口、量子信息、人形机器人、生成式人工智能、生物制造、未来显示、未来网络、新型储能等九大领域。当前，我国科技与产业发展正逐步实现从跟跑向并跑转变，部分领域正向领跑跃升，科技和产业发展越来越多地进入"无人区"，大力培育发展未来产业正当其时。

三、新质生产力的"新"要求

生产力迭代是人类文明发展的内生引擎。谁能抓住生产力转型升级的契机，谁就能占领先机、赢得优势、掌握竞争和发展主动权。从生产力的三要素来分析，新质生产力的"新"主要包括以下三个维度：

一是新质劳动者。不同于传统的以简单重复劳动为主的普通工人，参与新质生产力的劳动者是能够充分利用现代技术、适应现代高端先进设备、具有知识快速迭代能力的新型人才。数智技术能够在较短时间内以更大规模复制劳动行为，执行和完成人类能力包括体力和脑力所能甚至所不能完成的任务，由此创造出一种在很多方面高于传统劳动力的新质劳动者。目前，我国研发人员总量已连续10年稳居世界首位，高层次科技创新人才达4万人，初步形成有利于新质生产力发展的人才保障体系。但是，同发展新质生产力的强大需求相比，高水平科技人才储备仍然不足，人才结构有待进一步优化。必须加强产学研合作，完善多主体协同育人机制，以多种形式培养更多适应新质生产力发展的高水平复合型新质劳动者。除了掌握先进生产工具的新质劳动者，还需要组织新质生产力与市场资源的企业家群体，他们是引领新质生产力发展的重要力量与最终推手。

二是新质劳动资料。新质生产力代表新技术、创造新价值、适应新产业、重塑新动能，其内在关系是，新质生产力由新技术所引发，这些新技术是创造新价值的技术，是新产业来承载的技术，是重塑新动能的技术。具体来说，新技术包括新一代信息技术、生物技术、新能源技术、新材料技术等，主要由高端装备、新能源汽车、绿色环保以及空天海洋产业等承载。新质劳动资料中特别重要的是新质生产工具，如人工智能、虚拟现实和增强现实设备、自动化制造设备等。打造数字核心技术，即以物联网、云计算、大数据、3D打印技术为代表的数字技术创新。数字技术通过数字网络和智能算法将对未来的生产流程、生产模式、管理方式产生颠覆性影响。伴随数字技术创新在各产业领域的渗透、覆盖和应用，数字技术与其他技术不断实现跨界协同，赋能效应逐步扩大，将有力促进传统产业数字化转型，加快形成新质生产力。

三是新质劳动对象。劳动对象是人类活动对象化发展的产物，伴随着科技创新的推进，人类劳动对象发生了极大变化，体现为传统劳动对象的数智化，同时又出现了新材料、新能源等新的劳动对象，不仅包括物质形态的高端智能设备，还包括数据等非实体形态的新型生产要素。随着人工智能、生物技术、新能源技术等领域的发展，劳动对象的范围和领域还在不断扩大并可释放出巨大的生产效能。应该强调的是，在数字经济飞速发展的今天，数据已经成为国家基础性战略资源和关键性生产要素，并由此衍生形成数据生产力。作为新质生产力系统的重要内容，数据技术标志着现实生产力由以资本、劳动、土地等要素为基点转向以数据、算力等为基点。特别是大数据产业，作为以数据生成、采集、存储、加工、分析、服务为主的战略性新兴产业，激活数据要素潜能，推动生产力变革和创新，成为新质劳动对象。借助于强大算力支撑、深度学习算法和万亿级别数据语料的喂养,通过生成式预训练变换模型等进行学习和迭代,为形成更高级的新质生产力提供强大驱动。

在生产力三要素都发生质变的背景下,生产力本身自然会跃升到新质阶段。这类内在新性质决定了新质生产力具有更高水平的创新性、虚拟性、流动性、渗透性和协同性。习近平总书记敏锐地发现这样的发展趋势,把马克思主义生产力理论基本原理同中国具体实际相结合,高瞻远瞩地提出新质生产力这一全新的概念并加以阐释,是马克思主义生产力理论中国化时代化的最新成果。

为何提出加快形成新质生产力

◎ 周　勇

（中国社会科学院数量经济与技术经济研究所研究员）

什么是"新质生产力"？为什么现在提出"新质生产力"？为什么在东北提？让我们一起打开这些问号。

一、提出"新质生产力"的背景

全球发展面临困境，需要生产力新变革。党的二十大报告指出，世纪疫情影响深远，逆全球化思潮抬头，单边主义、保护主义明显上升，世界经济复苏乏力，局部冲突和动荡频发，全球性问题加剧，世界进入新的动荡变革期。全球问题往往伴随各国发展的矛盾而出现，发达国家需要进一步提升发展水平，发展中国家也有自身的发展要求。发展能力不足是引发全球危机的重要根源，经济增长乏力，甚至形势恶化尤其可能加剧全球风险。要摆脱全球发展困境需要生产力的新变革，加快形成新质生产力既是中国应对当前自身发展问题的新思路，更是中国关于全球发展的新创见。

传统生产方式难以为继，生产力发展需要由粗犷向高质量转型。粗犷式生产的本质是生产力无序发展，主要体现在两个方面，亟需通过发展体现高质量要求的新质生产力着力解决。一是牺牲环境换发展。当前，我国生态环境保护结构性、根源性、趋势性压力尚未根本缓解。我国经济社会发展已进入加快绿色化、低碳化的高质量发展阶段，生态文明建设仍处于压力叠加、负重前行的关键期。习近平总书记在2023年7月召开的全国生态环境保护大会上强调，必须以更高站位、更宽视野、更大力度来谋划和推进新征程生态环境保护工作，谱写新时代生态文明建设新篇章。二是供给侧问题严重。落后产能、过剩产能的实质是传统产能的无序扩张，都是生产力发展的不健康方式。化解产能问题的关键是调结构，本质上是按新质生产力的要求调生产力结构；加快形成新动能的根本是创新，本质上是发展新质生产力。习近平总书记指出，以科技创新开辟发展新领域新赛道、塑造发展新动能新优势，是大势所趋，也是高质量发展的迫切要求，必须依靠创新特别是科技创新实现动力变革和动能转换。发展新质生产力就是要实现生产力由量到质转型，由重规模扩张到更重内涵建设。

需求水平提升，需要发展能够带来高品质生活的生产力。当前我国社会主要矛盾是人民日益增长的美好生活需要和不平衡不充分的发展之间的矛盾，应紧紧围绕这个主要矛盾推进各项工作。对于生产力这一关系经济社会发展的核心要素，也要推动其适应生活方式转型、需求品质提高的新要求。习近平总书记在主持十九届中央政治局第五次集体学习时提出，"要着眼于满足人民日益增长的美好生活需要，贯彻新发展理念，着力解决发展不平衡不充分的问题，提高发展质量，不断提高人民生活品质、生活品位，让发展成果更多更公平惠及全体人民""不断朝着全体人民共同富裕迈进"。进入新时代，提高生活品质作为与提高发展质量齐头并进的任务不断被提上日程。2020年党的十九届五中全会把"改善人民生活品质，提高社会建设水平"列入《中共中央关于制定国民经济和社会发展第十四个五年规划和二〇三五年远景目标的建议》。2021年2月习近平总书记在主持十九届中央政治局第二十八次集体学习时进一步明确，要树立战略眼光，顺应人民对高品质生活的期待。当前，科技作为第一生产力，对消费的促进、贡献及经济发展基础性作用越来越显著。

二、提出"新质生产力"的意义

马克思主义生产力理论的中国化时代化。生产力理论是马克思主义的经典理论之一，在中国特色社会主义建设中一直发挥着重要指导作用。我国从国家层面到地方层面都有研究和促进生产力的专业机构，包括各种生产力促进中心、生产力研究会、生产力研究中心等理论和实体性促进机构，不仅大力推进马克思主义生产力理论的中国化，更在实践层面大力践行之。当前在生产力基础上再提新质生产力，是马克思主义生产力理论的进一步时代化，紧扣了时代矛盾和挑战。习近平总书记在2020年12月举行的科学家座谈会上强调，我国面临的很多"卡脖子"技术问题，根子是基础理论研究跟不上，源头和底层的东西没有搞清楚。他指出，加强基础研究是科技自立自强的必然要求，是我们从未知到已知、从不确定性到确定性的必然选择；只有重视基础研究，才能永远保持自主创新能力。基础研究、高水平科技是新质生产力形成的重要源头。

中国特色哲学社会科学的生产力新创见。党的二十大报告指出，我们必须坚持解放思想、实事求是、与时俱进、求真务实，一切从实际出发，着眼解决新时代改革开放和社会主义现代化建设的实际问题，不断回答中国之问、世界之问、人民之问、时代之问，作出符合中国实际和时代要求的正确回答，得出符合客观规律的科学认识，形成与时俱进的理论成果，更好指导中国实践。新质生产力是对生产力这一关系经济社会发展全局的核心命题，提出的中国之问，作出的中国之答。它是关于生产力认识的新突破，更加丰富了生产力理论的科学内涵。

党中央统筹中华民族伟大复兴战略全局和世界百年未有之大变局过程中的生产力战略新布局。党的二十大报告提出，要优化重大生产力布局。发展新质生产力是我国的一项新战略举措，对于转变发展思路，迎难而上克服当前经济困难具有重大意义。它首先由习近平总书记在2023年9月考察东北时提出。东北在中国区域经济发展不平衡、老工业地区迎难而上中具有典型性，发展新质生产力正是推动东北全面振兴的必由之路。在供给侧结构性改革，去过剩产能、淘汰落后产能仍然任务艰巨，世界经济低迷、世界贸易形势不利的背景下，东北很难再走传统产业、传统生产力发展的老路。同时尽管改革开放以来，大部分产业领域发展相对落后，但作为共和国工业的"长子"，东北工业精神、科技实力、科教能力、人才实力仍然保有一定优势，只有通过创新发展，发展新质生产力，东北振兴才有希望，发展也才能大有可为。

三、"新质生产力"的概念解析

"新"的内涵。新质生产力以创新为路径、为动力、为内容、为方式，其发展以追求创新为起始、为精神。"新"体现出新生产要素、新技术、新模式，体现在新产业、新业态、新产品、新领域、新赛道、新动能、新平台、新空间、新体系、新市场主体、新优势等方方面面。党的二十大报告涉及了许多与"新"相联系的概念和提法，如新征程、守正创新、新发展理念、新发展格局、治国理政新理念新思想新战略、人类文明新形态、原始创新、战略性新兴产业、新能源技术、创新型国家行列、新矛盾新挑战、创新性发展、结构一新、格局一新、面貌一新、科技创新能力、人类实现现代化提供了新的选择、国内外形势新变化和实践新要求，等等。这些概念和提法大多与新质生产力能够建立起一定联系，有助于正确理解新质生产力的"新"。如迈上新征程需要发展新质生产力，发展新质生产力需要守正创新等。

"质"的内涵。质是指物质的质。历史唯物主义认为，"物质生产力是全部社会生活的物质前提，同生产力发展一定阶段相适应的生产关系的总和构成社会经济基础"。今天，新的物质生产力，正在信息化、智能化等条件下形成。质也是本质的质，新质生产力是依靠创新驱动形成的生产力，已从本质上区别于大量消耗资源能源的传统生产力。质是生产质量的质,新质生产力是体现高质量发展的生产力,包括劳动者、劳动资料、劳动对象在内的三要素都要面对高质量发展背景下的更高要求。质是生活品质的质,新质生产力是带来高品质生活的生产力。党的二十大报告也涉及了许多与"质"相联系的概念和提法,如高质量发展、更为坚实的物质基础、中国式现代化是物质文明和精神文明相协调的现代化、厚植现代化的物质基础,不断夯实人民幸福生活的物质条件、中国式现代化的本质要求、坚实的物质技术基础、国际循环质量和水平、质的有效提升和量的合理增长、质量强国、高质量建设、提升贸易投资合作质量和水平、推动共建"一带一路"高质量发展、全面提高人才自主培养质量、加快建设高质量教育体系、提高人民生活品质、高质量充分就业、优质医疗资源扩容和区域均衡布局,等等。这些概念和提法也大多可与新质生产力建立起一定联系,有助于正确理解新质生产力的"质"。如生产力发展呈现出种种复杂现象,但要通过现象看本质,发展先进而健康的生产力,让生产力体现社会主义发展的本质要求,为人民服务。奠定更为坚实的物质基础要发展物质生产力。要实现高质量发展,必须加快形成新质生产力。新质生产力的发展要有利于共同富裕,比如要发展农村新型实用技术,助力乡村振兴,增加农民收入;推进战略科技力量区域平衡布局,以助力区域平衡发展,共同富裕。

习近平总书记2023年9月在黑龙江考察时强调,要整合科技创新资源,引领发展战略性新兴产业和未来产业,加快形成新质生产力。要在支柱性产业、战略性新兴产业和未来产业三维发展框架中理解新质生产力的时间维度和产业内涵。新质生产力要促进产业发展,并在产业发展中发展自己；支柱性产业、战略性新兴产业和未来产业都是新质生产力发展的体现和结果。按照时间维度，支柱性产业是当前生产力的主流，大多进入产业成熟阶段，但进一步发展潜力有限，甚至有被逐渐淘汰的风险；战略性新兴产业是新崛起的生产力，在不久的将来可望成为支柱产业。未来产业是现实中并没有出现，或者只是雏形，但根据需求预测，现有技术发展可能性、生产力发展趋势，未来有可能成为战略性新兴产业乃至支柱产业的产业。从中可看出，未来产业有两个重要条件，一是需求潜力，二是技术可能性，因此生产力发展是未来产业预测和形成的重要基础。发展新质生产力还需要结合产业布局做好空间和时间上的生产力布局。比如在劳动者方面对人才进行梯度布局，做好各个层次人才的培育和使用；做好各个区域和领域的人才培养，如推行均衡教育，公平合理地配置各个层次的公共教育资源，进一步缩小城乡教育差距，不断提升教育质量，促进教育公平。

新质生产力也是改革命题

◎ 陈学明

（复旦大学哲学学院、马克思主义学院教授）

习近平总书记在深入推进长三角一体化发展座谈会上的重要讲话中强调，要推动长三角一体化发展取得新的重大突破，在中国式现代化中走在前列，更好发挥先行探路、引领示范、辐射带动作用。要实现这一目标，就要在更高起点上全面深化改革开放。从马克思主义基本原理关于生产力与生产关系的角度看，新质生产力是当前我国生产力发展的目标要求，新质生产力需要与之相适应的新质生产关系，因此，在更高起点上全面深化改革开放，要以改革不符合新质生产力发展的生产关系为着力点。

恩格斯在马克思墓前的演说中指出马克思一生主要有两大贡献。第一个贡献就是发现了历史发展的客观规律，这就是：生产关系一定要适应生产力的发展状况，上层建筑一定要适应经济基础的发展状况。

按照历史唯物主义的基本原理，所谓改革的含义说到底就是改变不符合生产力发展状况的生产关系和不符合经济基础发展状况的上层建筑。改革开放以来的几十年里，中国人民所做的主要事情就是在中国共产党领导下，改变不符合生产力发展状况的生产关系和不符合经济基础发展状况的上层建筑。改革开放所取得的巨大成就也是有赖于不断地改变不符合生产力发展状况的生产关系和不符合经济基础发展状况的上层建筑，从而推进了生产力的飞速发展。

习近平总书记提出的"新质生产力"概念，为我国进一步解放和发展生产力指明了方向。新质生产力带来的是发展命题，也是改革命题。当今在更高起点上深化改革，最重要的任务就是改变不符合新质生产力发展状况的生产关系。

新质生产力是马克思主义生产力理论的创新和发展，凝聚着中国共产党领导推动经济社会发展的深刻理论洞见和丰富实践经验。历史唯物主义认为，生产力是人类改造自然、征服自然的能力，生产力的发展是社会发展的根本动力和最终决定力量。作为同新兴产业、未来产业关联紧密、代表生产力演化能级跃迁的新质生产力，所涉及的是技术含量高、发展前景广阔、有利于创新驱动发展的新领域，是科技创新在物质生产中发挥主导作用的生产力。毫无疑问，新质生产力是当今社会发展的根本动力和最终决定力量。

新质生产力的出现，使劳动者、劳动资料、劳动对象这些生产力的基本要素出现了革命性的变革。随着新质生产力的出现，原有的生产关系必须随之进行相应的改变。要从速形成与新质生产力发展状况相适应的生产关系和上层建筑。新质生产力需要有新质生产关系与之相适应。当今全面深化改革，就是要不断调整生产关系以适应和引领先进生产力，特别是新质生产力的发展。

围绕新质生产力，要着重把握以下几个问题：

第一，形成新质生产力，就必须紧紧围绕实现高水平科技自立自强的战略要求，集聚跨学科、跨领域、跨机构、跨部门的优势力量进行原创性引领性科技攻关，就必须以国家大型科技项目和协同创新平台建设为牵引，兴建国家级科技创新培育基地，加快打造国家战略科技力量。在这种情况下，是不是应当强化"举国体制"，充分发挥党和国家强有力的统筹协调和组织动员能力？

第二，新质生产力中的"质"，体现的是生产力在信息化、数字化、智能化生产条件下因科技突破创新与产业转型升级而衍生的新形式新质态，并且这些新质态的"公共性"日益增加。在这种情况下，在生产资料所有制方面的公共性也应随之增加。

第三，如果说传统生产力主要是满足人们的基础型需要，那么新质生产力主要满足人们的发展型、享受型需要。前者推动要素组合的组织、技术复杂程度低，而后者显然复杂程度高得多。在这种情况下，在政府与市场关系问题上，除了强调稳定性之外，更应兼顾灵活性。

第四，数据是形成新质生产力的关键要素之一，重视数据要素在生产活动中的地位，建立规范的数据要素管理体系，对于发展和提升新质生产力有重要意义。在这种情况下，我们要加快培育发展数据要素市场，构建适应新质生产力发展的数据要素产权制度体系。

第五，新质生产力的形成需要拥有大量较高科技文化素质和智能水平、具备综合运用各类前沿技术能力、熟练掌握各种新型生产工具的新型人才。在这种情况下，我们要建立完善的教产融合育人机制，培养具备学科交叉能力和产业融合视野的多元化人才。

新质生产力的主要特征与形成机制

◎ 李晓华

(中国社会科学院工业经济研究所研究员)

新质生产力是生产力质的跃迁,是我国经济高质量发展的要求,也是实现社会主义现代化强国战略目标的重要推动力。加快形成新质生产力,需要从理论上厘清其特征和形成机制,从而用科学的理论指导我国经济高质量发展实践。

一、新质生产力的一般性特征

相对传统生产力,新质生产力呈现出颠覆性创新驱动、产业链条新、发展质量高等一般性特征。

颠覆性创新驱动。传统生产力推动的经济增长是依靠劳动资料、劳动对象和劳动者大量投入的水平型扩张,不仅严重依赖要素投入,而且生产力发展速度和经济增长速度都较为缓慢。新质生产力驱动的产业发展降低了自然资源和能源投入,使经济增长摆脱了要素驱动的数量型扩张模式。与传统生产力的发展依靠渐进型的增量式创新不同，新质生产力的形成源自基础科学研究的重大突破和对原有技术路线的根本性颠覆，在此基础上形成了一批颠覆性技术群。随着这些颠覆性技术的逐步成熟，相对于传统产业而言全新的产品、生产资料、零部件和原材料就会形成，从而使人类可以利用的生产要素的范围极大扩展，使产业结构、增长动力、发展质量发生重大变革。

产业链条新。颠覆性的科技创新改变原有的技术路线，从而以全新的产品或服务满足已有的市场需求或者创造全新的市场需求，在这一过程中它会带来产品架构、商业模式、应用场景的相应改变。产业链条表现在链条的环节构成与链条不同环节的地理空间分布两个方面，颠覆性科技创新会使这两方面都发生重大改变。一方面，新的产品架构、商业模式的出现，使产品或服务生产和交付所需要的原材料、零部件、基础设施等发生根本性改变。例如，新能源汽车以电池、电机、电控系统替代了燃油汽车中的发动机、变速箱。另一方面，生产这些新的原材料、零部件的国家和企业及其所占市场份额也发生巨大变化，从而改变产业链各环节的地理空间分布。

发展质量高。新质生产力的形成和发展会全方位提升产业发展的质量，加快现代化产业体系的建立。一是提高生产效率。颠覆性技术中有很多是通用目的技术，具有强大的赋能作用，不仅可以使劳动资料的功能显著提升，而且可以优化劳动资料、劳动对象的组合，从而提高生产效率。例如，机器人、人工智能技术替代许多原本由人工完成的工作，不仅节约了成本，而且使生产的效率、精度、良品率都显著提高。二是增加附加价值。一方面，新质生产力所形成的新产品新产业技术门槛高，掌握新技术的企业数量少，市场竞争不激烈且在产业链中具有更大的话语权，因此可以实现更高的增加值率；另一方面，新质生产力创造迎合了用户（包括消费者与企业）以前未能满足的潜在需求，开辟了新的市场，带来新的产业增长空间。三是减少环境影响。不可忽视，工业化对自然生态造成了巨大压力，而随着生活水平的提高，人民群众对美好环境的需求不断增长。新质生产力更有力地发挥科技创新推动经济增长的作用，用知识、技术、管理、数据等新型生产要素替代自然资源、能源等传统生产要素，并能够使生产活动中产生的副产品循环利用，减少产品生产和使用对生态环境的损害，形成经济增长与生态环境改善的和谐并进。优美的生态环境在满足人民群众美好生活需要的同时也创造出巨大的经济价值，真正使绿水青山变成金山银山。

二、新质生产力的时代特征

马克思指出，"劳动生产力总是在不断地变化"。一方面，生产力划分了不同的经济社会发展时代，如农耕技术、蒸汽机和发电机、计算机分别对应着农耕社会、工业社会和信息社会；另一方面，每一个时代也具有该时代特有的新技术、新要素、新产业，生产力具有时代特征。当前新一轮科技革命和产业变革正深入突进，颠覆性技术群包括数字技术、低碳技术、生物技术等，其中颠覆性最强、影响力最广的是数字技术与低碳技术，推动当前的新质生产力呈现数字化、绿色化的特征。

数字化。当前新一代数字技术迅猛发展，云计算、大数据、物联网、移动互联网、人工智能等数字技术获得广泛应用，催生出一系列新产业并向广泛的产业部门全方位渗透、融合，区块链、扩展现实、数字孪生、量子计算等新一批数字技术也在积蓄力量，有望在不远的将来释放出推动经济增长的力量。数字技术的发展推动数字技术与产业技术、数字经济与实体经济深度融合，赋予生产力数字化的时代属性。大数据、芯片等新型数字产品成为重要的生产资料，传统的生产设备、基础设施的数字化智能化水平也不断提高。随着越来越多的产品、设备、场景和人接入互联网，数据的生成速度越来越快，泛在联结的网络基础设施、不断增强的算法和算力使得对海量数据的传输、存储、处理、利用成为可能，数据进入生产函数，成为新的劳动对象，并通过与生产工具的高效结合，实现生产力的巨大跃迁。同时，这也要求劳动者不断提高数字素养、数字技能。

绿色化。工业时代的生产和生活主要依靠化石能源，其在加工、燃烧、使用过程中产生大量二氧化碳等温室气体和其他污染物，导致全球气候变暖，从而影响人类的持续生存和发展。为应对这一问题，世界主要国家签署了致力于减少二氧化碳排放并控制累积排放量的《巴黎协定》，许多国家制定了碳达峰、碳中和的时间表和路线图。为实现碳达峰、碳中和的目标：一方面，要推动新能源技术、节能技术、碳捕获和碳封存技术等低碳技术的突破；另一方面，要转化低碳技术，打造低碳化的能源系统、生产系统、消费系统，实现整个社会生产和生活的低碳化。

三、新质生产力的形成机制是什么？

当前，新一轮科技革命和产业变革深入推进，颠覆性技术不断涌现，颠覆性创新形成的新劳动资料、新生产工具、新劳动对象的物质形态表现为国民经济中的战略性新兴产业和未来产业。这些新兴产业具有不同于传统产业的新技术、新要素、新设备、新产出，蕴含着更巨大的改造自然的能力，具有更高的发展质量。因此，推动新质生产力的形成既要加强科技创新驱动力，又要加快新兴产业的培育壮大。

创新驱动：推动科技创新取得重大突破。新质生产力不是由一般的科技创新推动，而是由具有颠覆性且对经济社会发展影响广泛而深远的科技创新所推动。在它的早期阶段，颠覆性创新所形成的新技术新产品在性能和价格上无法与既有的技术和产品相竞争，但是它具有巨大的发展潜力，代表科技和产业发展的方向，一旦越过临界点就会释放出改变劳动资料、劳动对象的巨大力量。而且现在的"科学技术和经济社会发展加速渗透融合，基础研究转化周期明显缩短，国际科技竞争向基础前沿前移"，因此基础研究在科技创新中的作用日益重要。与沿着现有技术路线的增量创新不同，科技创新的不确定性大，无法在事前准确预测哪个领域会出现技术突破，无法准确判断技术突破的重要性、不同技术路线的前景、应用领域和商业化的时间，因此原有面向增量型技术创新的科技政策的效力大打折扣，应当更加鼓励科学家们凭兴趣和能力选择研究方向，而不是由政府部门确定具体的科研项目，同时不能再沿用增量型创新阶段"以成败论英雄"的科研评价方式，要允许科学家在科学探索的道路上出现失败。

产业基础：促进新兴产业的发展壮大。战略性新兴产业是以重大技术突破和重大发展需求为基础，对经济社会全局和长远发展具有重大引领带动作用，知识技术密集、物质资源消耗少、成长潜力大、综合效益好的产业。当前沿技术或颠覆性技术进入成熟阶段，由此催生的产品大规模生产时，战略性新兴产业就形成了。战略性新兴产业的发展不仅形成新的日益强大的产业部门，而且其许多技术、产品具有广泛的用途，通过在其他产业的应用、与其他技术和产品的融合，使既有的产业部门发生效率和质量变革，从而也成为新质生产力的重要组成部分。战略性新兴产业的发展需要重大科技创新的不断突破，也需要市场的拉动和相关配套产业的支持。我国的超大规模市场优势能够给战略性新兴产业的发展以有力的市场支撑，齐全的产业门类、完备的产业生态构成了战略性新兴产业供应链形成和高效运转的基础。近年来我国的光伏组件、风机设备、新能源汽车、自动驾驶、动力电池、互联网服务等战略性新兴产业均蓬勃发展，已达到世界领先水平。

未来布局：加快推进未来产业的前瞻布局。未来产业是指由处于探索期的前沿技术所推动、以满足经济社会不断升级的需求为目标、代表科技和产业长期发展方向，会在未来发展成熟和实现产业转化并形成对国民经济具有重要支撑和巨大带动，但当前尚处于孕育孵化阶段的新兴产业。与战略性新兴产业相比，未来产业处于产业生命周期的早期阶段，更靠近科技创新，产业的成熟度更低、不确定性更高。在未来产业赛道上，世界各国处于相同的起跑线，都面临不确定性，因此成为后发国家"换道超车"的重要领域。从科技创新到未来产业再到战略性新兴产业是一个连续的光谱，但未来产业已进入商业化开发阶段，如果不及早进行布局，一旦产业到达爆发式增长的拐点，就会由于前期人才积累不足、工程技术进展慢、产业配套弱、市场开发不力等而被甩在后面。因此，尽管未来产业的不确定性更高、投资回报期更长、风险更大，也必须及早进行布局。同样由于高度的不确定性，支持未来产业的政策需要做出重大改变，应从原来选择特定技术路线加以支持的作为"跟随者"所采取的方式，转向政府进行方向引导、市场支持，更多地鼓励市场微观主体的科技创业和对技术路线、应用场景的"试错型"探索。我国市场主体多，能够在多条不同的技术路线上试错，而市场规模大、应用场景丰富的优势又给每条技术路线提供了充分的市场需求支撑。

加快形成新质生产力，政策的着力点应放在以下四个方面。一是提高劳动者素质。统筹基础教育、高等教育、职业教育、继续教育等多领域，培育形成适应新质生产力的劳动力队伍。二是完善新型基础设施。基础设施是劳动资料的重要组成部分，适应新质生产力发展需要建设大型科学装置和公共科研平台，推动连接、算力等数字基础设施建设并推动传统基础设施的数字化改造，加强适应人的更高发展需要的公共服务设施建设。三是深化体制机制改革。推动科技政策、产业政策转型，促进资本、数据等关键生产要素更充分地流动，形成各种政策以及政产学研用金推动科技创新和产业发展的合力，激发市场微观主体创新、创业和投资于新兴产业发展的活力和动力。四是加强国际合作。鼓励国内大学和科研机构在前沿科技领域开展国际合作，大力吸引跨国公司在我国设立研发机构和新兴产业企业；积极参与自由贸易协定谈判，推进世界贸易组织改革，推动先进技术、数据、高技术产品和服务的贸易自由化和投资便利化。

准确把握新质生产力的本质和丰富内涵

◎涂永红

（中国人民大学长江经济带研究院院长、财政金融学院院长、国际货币研究所副所长）

新质生产力，强调整合科技创新资源，引领发展战略性新兴产业和未来产业。新质生产力集中体现了我国新时代经济社会发展的新趋势，是绿色低碳转型和高质量发展伟大实践的理论总结，是对马克思主义生产力理论的发展和创新。2024年1月31日下午，习近平总书记在主持中共中央政治局就扎实推进高质量发展进行的第十一次集体学习时再次强调："发展新质生产力是推动高质量发展的内在要求和重要着力点，必须继续做好创新这篇大文章，推动新质生产力加快发展。"

准确把握新质生产力的本质特征和丰富内涵，用新质生产力理论武装头脑，有利于为全面推进高质量发展提供科学指导和遵循，为中国式现代化建设提供强有力的支撑和恒久动能。

一、新质生产力产生的时代背景

生产力是生产满足人们需要的产品的能力，体现着人们适应、利用和改造自然的能力。马克思认为，"生产力，即生产能力及其要素的发展"。构成生产力的基本要素主要包括劳动者、劳动对象和劳动资料。纵观人类社会发展史，发展生产要素是发展生产力的根本途径。发展生产要素包括两重含义：一是更新原有的生产要素，如更新生产工具和原材料；二是加入和发展新的生产要素。例如，在资本主义社会，资本是生产不可或缺的要素，在生产力发展中具有决定性作用，萨伊等西方主流经济学家将资本、劳动和土地确定为构成资本主义生产力的最初三要素。随着资本主义社会的发展，以蒸汽机车、电力技术、原子能技术为代表的三次工业革命深刻改变了人类社会结构、生活方式和生产力结构，导致科学、管理、人力资本从基本生产要素中独立出来，发展成为新的生产要素，在生产力发展中发挥重要作用。例如，在资本、土地、劳动等基本生产要素投入数量不增加的情况下，仅仅依靠科技进步，产量就可以大幅增加。在欧美等发达国家，科技进步对GDP增长的贡献率高达80%左右。

值得一提的是，马克思十分重视科学发展及其在生产中的应用。他反复讲科学是生产力，"生产力中也包括科学""大工业则把科学作为一种独立的生产能力与劳动分离开来""随着科学作为独立的力量被并入劳动过程而使劳动过程的智力与工人相异化"。进入21世纪，以物联网、人工智能和大数据技术为基础的第四次工业革命浪潮席卷全球，智能化催生了数字经济，彻底改变了人类的生产方式、工作方式和生活方式，毋庸置疑，信息网络和数据必然成为新的生产要素，并在生产力中占据举足轻重的地位。新质生产力概念的提出，体现了马克思主义当代化，结合我国的具体国情和高质量发展的新要求，以生产要素的优化配置、更新和发展为标志，蕴含着生产力从量变到的质变的飞跃。

二、新质生产力的本质特征和内涵

新质生产力概念提出后，不少学者对其内涵和概念进行了研究和阐释。普遍认为新质生产力首先聚焦在"新"上，从生产角度看就是发展战略新兴产业、未来产业，培育生产力发展的新动能。其次从"质"字上进行评估和检验，新质生产力具有不同于其他任何生产力的质态，具有高质量发展所需的品质和效能。

在这次中共中央政治局集体学习中，习近平总书记对新质生产力的概念、内涵和本质特征做出了明确的界定。"新质生产力是创新起主导作用，摆脱传统经济增长方式、生产力发展路径，具有高科技、高效能、高质量特征，符合新发展理念的先进生产力质态。"我们可以从五个方面认识、把握和理解新质生产力。

第一，创新是新质生产力的特点和动力源泉。创新是第一动力，是实现技术革命性突破、生产要素优化配置、产业深度转型升级的关键。只有依靠强大的科技创新能力，才能不断发展原创性、颠覆性技术，打破当下我国发展面临的"卡脖子"技术瓶颈，开辟未来制造、未来信息、未来材料、未来能源、未来空间和未来健康等未来产业发展的新领域新赛道，培育壮大发展新动能新优势，实现生产力发展质的飞跃。

第二，符合新发展理念是新质生产力的根本遵循。完整、准确、全面贯彻新发展理念，是我国进入新时代后经济社会发展必须长期遵循的指导思想，坚持以创新、协调、绿色、开放、共享的内在统一来把握发展、衡量发展、推动发展，为发展新质生产力指明了方向和路径。新发展理念回答了生产要素如何升级和优化配置、产业之间按照怎样的比例发展、人与自然之间如何共处、产业链供应链如何构建、生产成果如何分配等新质生产力发展进程中必须回答的问题。只有符合新发展理念，新质生产力才不会偏离正确的发展方向和轨道，才能与我国的根本社会制度相适应、与高质量发展相辅相成。

第三，生产要素优化组合及其跃升是新质生产力的基本内涵。劳动者、劳动资料、劳动对象是构成任何一个社会生产力的基本要素，每一种生产要素的数量和质量、生产要素组合的结构和方式，从根本上决定了生产力水平及其先进性。例如，劳动者受教育程度的高低、研发能力的强弱，直接影响其掌握机器设备和劳动资料的先进程度，导致全要素生产率的天壤之别。当然，简单工具与复杂机器设备，劳动资料的技术含量高低，也在一定程度上决定着生产力的质量高低。进入数字经济时代，数据成为新的生产要素，信息化、智能化推动生产要素进一步优化组合和跃升，一些行业逐渐形成无人化生产，生产效率大幅提升。只有着力于生产要素本身的升级和优化组合，才能彻底改变传统的生产方式、生产路径，推动生产力发展从量变到质变，形成先进生产力质态。

第四，全要素生产率大幅提升是新质生产力的核心标志。 新质生产力相较传统生产力，最显著的差异在于质优，即更高的全要素生产率，原因是新质生产力本身具有的纯技术进步效率，可以在劳动者、劳动资料、劳动对象等有形生产要素投入不变的情况下，依靠知识、教育、技术、规模、管理等无形的新的生产要素，大幅提高生产能力和产出水平。只有全力以赴加快科技强国、人才强国、交通强国、网络强国建设，才能大幅度提高全要素生产率，为绿色低碳转型奠定生产力基础。

第五，先进性是新质生产力的本质。 各国的资源禀赋、发展阶段、社会制度和生产关系不同，生产要素配置千差万别，形成了质态和发展水平大相径庭的生产力。在汉语中，先进的含义是"位于前列，可做表率"，这就意味着，新质生产力必须是当前各种质态的生产力中位居前列、可做表率、值得学习的一种生产力。其先进性并非单纯地体现在经济总量的较高增长，而是体现在统筹质的有效提升和量的合理增长，具有显著的高科技、高效能、高质量特征。鉴于构成生产力的基本要素中，劳动资料或生产工具是决定生产力先进性的重要因素，因此，提升生产工具的先进性，就是发展新质生产力的必要条件。只有掌握最前沿的科学技术，把人工智能、区块链、大数据、物联网技术融入生产资料，提高机器设备的先进水平，在此基础上发展壮大新兴产业、未来产业，才能确保新质生产力一直保持先进的质态。

三、抓住关键和重点发展新质生产力

生产力是最活跃的人类活动，是推动人类社会发展的决定力量。进入新时期以来，我国贯彻落实新发展理念，改变发展模式，调整经济结构，转换发展动能，推动经济从高速增长阶段转向高质量发展新阶段，并由此催生了传统生产力向新质生产力的转变。目前，新质生产力还处于发展的初级阶段，具有碎片化、局部化特点，还没有成为经济发展中占据主导地位、遍及各类产业和生产领域的生产力。推动新质生产力加速发展，夯实高质量发展的物质基础，亟须抓住关键和重点。

一是坚持质量优先，完善新质生产力评价体系和制度环境。根据历史唯物主义，生产力决定生产关系，生产关系反作用于生产力。及时调整并建立新型生产关系，打破制约新质生产力发展的桎梏，可取得事半功倍的成效。提升全要素生产率是发展新质生产力的核心，目前，经济体制、产业政策、科技制度、户籍制度、分配制度中还存在不少制约技术性进步的堵点卡点，不利于生产要素优化组合及跃升。需要全面深化供给侧结构性改革，构建适应新质生产力发展需要的体制机制，重点改变现行的指标体系、政策体系、标准体系、绩效体系、统计体系以及政绩考核体系，扫清提升全要素生产率的制度性障碍，为发展以高科技、高效能、高质量为特征的新质生产力营造良好的制度环境。

**二是坚持创新驱动，实现技术革命性突破，凸显新质生产力的先进性。没有强大的科技创新，就不可能有技术进步，以及不断涌现的新产业、新模式、新动能。因此，必须始终将创新作为发展新质生产力的核心要素，坚持创新驱动。继续提高研发投入，获得更多原创性、颠覆性科技创新成果，走在全球创新型国家的前列，从而实现高水平科技自立自强。以国家级、省级高新区为平台，以京津冀、长江经济带、大湾区、成渝双圈等区域协同发展为抓手，大力发展科技金融，加速科技成果转化，促进产业链、供应链、创新链、人才链融合发展，培育壮大新兴产业集群，布局建设未来产业。大力发展数字经济，广泛运用网络技术和人工智能技术，推进制度型开放，优化配置国内、国际生产要素，提升产业链供应链韧性和安全水平，维护新兴产业的国际竞争优势，为发展新质生产力提供源源不断的新动能。

三是坚持以人为中心，厚植人才资源，为新质生产力提供长久可靠动力。 劳动创造价值，人类劳动是一切生产力发展的基石。要坚持人本主义，以人为中心，以满足人民日益增长的对美好生活的追求作为新质生产力发展的根本目的。新质生产力所需的劳动不是简单劳动，而是能够驾驭先进生产资料和机器设备的复杂劳动，需要掌握专门知识和专业技能的人参与劳动。因此，要努力适应科技发展的新趋势、新要求，推动高等学校进行学科设置改革，优化人才培养模式，为发展新质生产力、推动高质量发展培养急需人才。要进一步改革分配制度，更好体现知识、技术、人才的市场价值。根据基本生产要素、新增生产要素如知识、技术、管理、资本和数据等的贡献建立科学考核机制，充分调动劳动积极性，激发各生产要素的活力，促进生产要素的优化配置和跃升，为加速发展新质生产力提供恒久的推动力。

论新质生产力的形成发展及其作用发挥
——新质生产力的政治经济学解读

◎ 简新华　聂长飞

（南昌大学经济管理学院特聘教授；武汉大学经济发展研究中心讲师）

社会主义的根本任务是解放和发展社会生产力。改革开放以来，我国经济总量和人均收入水平不断跃升，从一个典型的低收入国家进入中等收入国家行列，并即将迈入高收入国家行列，创造了人类发展史上伟大的生产力奇迹。然而，过去40多年我国生产力水平取得迅猛发展主要依靠的是人口规模巨大的红利和常规资源要素投入，即以传统生产力为主导。随着中国特色社会主义进入新时代，我国社会主要矛盾已经转化为人民日益增长的美好生活需要和不平衡不充分的发展之间的矛盾，坚持推动高质量发展开始成为经济社会发展的主题，而传统生产力难以有效解决经济社会发展过程中的各种矛盾、痛点和难点问题。在此背景下，一种更新、更高水平的生产力亟待形成。

马克思主义政治经济学认为，生产力是人类利用自然和改造自然进行物质资料生产的能力，是人类社会发展和进步的最终决定力量。

随着人类社会的发展和进步，生产力的存在形态也在不断变化。新质生产力是习近平总书记立足新一轮科技革命和产业变革的时代特征，准确把握国际环境和国内形势变化提出的新概念，不仅有效推动了马克思主义生产力理论的中国化，而且为新发展阶段我国构筑新竞争优势、实现高质量发展、推进中国式现代化指明了方向。为了更好地贯彻落实这个新发展阶段的重要任务和战略方针，现在特别需要深入探讨和明确的是：什么是新质生产力？为什么要形成和发展新质生产力？怎样形成和发展新质生产力？如何运用新质生产力、发挥新质生产力的重要作用？

一、新质生产力是新型的高水平生产力

形成、发展和有效运用新质生产力，更好发挥新质生产力的重要作用，需要正确认识和界定新质生产力的内涵、外延和特征。

什么是新质生产力？从现在已经发表的相关论著来看，对此有各种不同的理解和说明，不少把新质生产力产生的原因、重要性、功能和作用、形成的途径等内容混在一起来界定新质生产力，甚至把产业、产业体系、生产方式等方面的内容也作为新质生产力的因素，而且把生产力要素与生产要素混同起来，没有从生产力所包含的科学技

术、劳动力、生产资料（劳动资料和劳动对象）①等基本内容上清晰、准确、具体地说明新质生产力的内涵、外延和基本特征，存在不完全、不准确、不严谨和不一致的问题。

我们必须准确、科学地界定新质生产力。长期以来，人们把生产力定义为人类征服和改造自然的能力，简单地理解为生产过程中不可缺少的劳动力和生产资料（劳动资料和劳动对象）。随着对劳动力、生产资料、生产过程、人与自然关系认识的深化和可持续发展理念的形成，人们逐步完善了对生产力内涵、外延和特征的认识，主要体现在两个方面。一是明确了人的劳动能力中脑力的作用很重要，而脑力水平的高低主要由劳动者学习和掌握的科学技术的状况决定，而且生产资料的品种、性能、效率等主要由科学技术的水平决定。二是人与自然不是征服和被征服的关系，而应该是和谐共生的关系，人类既要改造、开发、利用自然，又要适应、保护、美化自然，因为只有这

---

① 生产力的内涵和外延包括哪些基本内容，理论界有三种看法：一是生产力二要素论即劳动力和生产资料；二是生产力三要素论即劳动力、劳动资料和劳动对象；三是四要素论即劳动力、劳动资料、劳动对象和科学技术。由于生产力里面虽然包括科学技术在内，但是科学技术是渗透融合或者体现在劳动力和生产资料之中的，并不能离开劳动力和生产资料独立发挥作用，因此多数人认为，科学技术是生产力，但不是生产力的独立要素。但是，由于科学技术是劳动力素质的高低、劳动资料和劳动对象的数量、品种、质量和效能的决定性因素，在现代社会的生产力及其发展中的作用越来越大，科学技术是第一生产力，尤其是在新质生产力中高新科学技术是最重要的因素，因此本文采用生产力四要素论来展开论述。还必须明确的是，虽然生产力是最基本的生产要素，但是不能无限扩大生产力的内涵和外延，把生产要素等同生产要素，因为生产要素的内容比生产力要素的内容广泛得多，比如在市场经济中资本是重要生产要素；但是资本在本质上是生产关系，不是生产力。

样,人类社会才能持续更好地生存和发展。因此,现在必须对生产力作更为准确科学的界定,生产力应该是人类进行社会生产的能力,主要包括科学技术、劳动力和生产资料。

人类的生产知识和经验的不断积累、科学技术研究的不断推进和深化、科技革命的不断发生、生产能力的不断提高、生产活动的不断改进,使得科学技术、劳动力、生产资料的状况也在不断变化、演进和发展。在不同的时代和发展阶段,生产力的发展水平(包括构成的因素的种类、结构、技术水平、质量、效率和可持续性)是不完全相同的。从现代来看,生产力应该可以划分为两大类,即传统生产力和新质生产力。

所谓传统生产力是相对落后的生产力。具体而言,传统生产力在科学技术方面的主要内容是工农业机械化、电气化、化学化的生产技术。在生产资料方面的主要内容是:煤炭、石油、天然气等不可再生能源,炼油厂、火力发电厂、水力发电站、核电站等能源生产设施,钢铁、有色金属、塑料和化纤等化学工业产品等原材料,蒸汽机、内燃机、发电机、电动机等动力机械,各类机床、推土机、挖掘机、起重机、拖拉机、播种机、收割机等工农业生产机械设备,火车、轮船、汽车、飞机等交通运输机械设备,公路、铁路、桥梁、隧洞、港口、机场、农田水利等基础设施。在劳动力方面,主要是基本掌握机械化、电气化、化学化生产技能的劳动力,在相当大的程度上依靠体力,智力的作用还很不充分。传统生产力是在第一次和第二次科技革命和产业革命的基础上形成和发展的,以机械化、电气化、化学化、不可再生石化能源、黑色化(或者说灰色化,即资源消耗多、环境污染比较严重)、不可持续为主要特征。

什么是新质生产力？总的来说，应该是指新型的高水平生产力，即新类型、新结构、高技术水平、高质量、高效率、可持续的生产力，也就是出现以前没有的生产力要素的新的品种和结构，相比于传统生产力而言是性能和技术水平更高、质量更好、效率更高、可持续的生产力。

具体而言，新质生产力在科学技术方面的主要内容是数字技术、人工智能技术、高端算法、高新网络通信技术、新能源技术、新材料技术、高新交通运输技术、高新航空航天技术、高新机械设备制造技术、高新环保技术、高新生命健康保障和医药生产技术等。在生产资料方面的主要内容是新能源、新材料、新工具、新机械设备、新基础设施等，包括高端太阳能、风能、水能、地热能、海洋能、生物质能等可再生能源及其生产设备、核聚变能和氢能等清洁能源及其生产设备、特高压输电设备、各种新材料及其生产设备、人工智能设备、高端算力、高端芯片及其生产设备、高端机器人及其生产设备、5G和6G移动通信设备、量子通信设备、现代航空航天设备、深海探测设备、高速铁路和电动汽车等现代交通运输设备、高端发动机和盾构机等各类机械设备及操作控制系统、现代生命健康保障设施和医药的生产设备，等等。在劳动力方面，主要是新质劳动力，即主要依靠智力，能够创新、开发、运用、改进和优化各种高新技术和发展高新产业，改造优化传统产业的高素质劳动力。

新质生产力以第三次和第四次科技革命和产业革命为基础形成和发展，以信息化、网络化、数字化、智能化、自动化、绿色化(主要包括可再生绿色能源、资源节约、环境优化）和高效化为主要特征。

加快形成新质生产力是新发展阶段的重要战略任务。习近平总书记首次明确提出新质生产力概念，具有重要的理论价值和实践指导意义。生产力是政治经济学的基本范畴，学者对此已经研究多年，并且提出了生产力经济学[1]，但是对于生产力类型划分的研究是缺乏的，更没有明确提出在中国全面建成社会主义现代化强国的新发展阶段，生产力应该是什么类型的生产力、具有什么样的与以往生产力不同的性质和特征。新质生产力的提出弥补了这个不足，发展了马克思主义政治经济学的生产力理论。

二、中国式现代化和高质量发展需要形成和发展新质生产力

生产力是社会存在和发展的最一般的条件，是推动人类社会发展的决定性因素，是社会由低级形态向高级形态演进的决定性力量，是生产方式中最活跃、最革命的因素，在经济社会发展中具有基础性作用。社会主义社会必须最大限度地满足人民的生活需要，发展生产力是社会主义的本质要求、根本任务和第一要务，所以中国必须坚持不懈地努力发展生产力。中国现在为什么又进一步明确提出要形成和发展新质生产力？总的来说，这是中国特色社会主义新时代新发展阶段的主要矛盾和根本任务决定的，是推进高质量发展、实现中国式现代

---

[1] 熊映梧：《生产力经济学的由来和发展》，《生产力研究》2000年第5期。

化的迫切要求。形成、发展和运用新质生产力的原因，实际上就是新质生产力的重要作用，因为正是新质生产力在推进高质量发展、实现中国式现代化中具有特别重要的作用，所以才需要加快形成和发展新质生产力。

中国特色社会主义进入新时代，我国社会主要矛盾已经转化为人民日益增长的美好生活需要和不平衡不充分的发展之间的矛盾。为了解决这个矛盾，必须坚持以人民为中心的发展思想，不断促进人的全面发展和全体人民共同富裕。满足美好生活的需要、人的全面发展和共同富裕又只能依靠中国式现代化和高质量发展才能真正实现，所以全面建成社会主义现代化强国是新时代新发展阶段中国的中心任务，高质量发展又是全面建成社会主义现代化强国的首要任务。党的二十大报告指出："没有坚实的物质技术基础，就不可能全面建成社会主义现代化强国。"中国式现代化和高质量发展不是空谈，必须建立在坚实的物质技术基础之上，这个物质技术基础就是新质生产力。也就是说，新质生产力在实现高质量发展和中国式现代化中具有不可替代的基础性作用。

第一，中国式现代化包括工业、农业、服务业、科学技术和国防等各个方面的现代化，不仅科学技术现代化必须以现代高新科学技术为基础，而且其他方面的现代化也都必须以此为基础，现代高新科学技术又是新质生产力的重要组成部分。也就是说，中国式现代化必须以新质生产力为支撑，不形成和发展新质生产力，没有新质生产力所包含的高新科学技术，不仅科学技术现代化不可能实现，而且其他方面的现代化都不可能实现，现代化就会成为无源之水、无本之木。

第二，建设现代化经济体系特别是现代化产业体系是经济现代化的战略目标，现代化产业体系是以高新技术产业为主导，以现代农业为基础、包括高端制造业在内的现代制造业为主干、包括生产性服务业在内的现代服务业为主体（在国民经济中占的比重最大），以现代科学技术武装、能够实现可持续发展的产业体系。建设现代化产业体系必须依靠新质生产力，因为高新技术产业的形成和发展，现代科学技术对传统产业的武装改造，农业、制造业、服务业的优化升级和现代化，都依赖高素质劳动力和新型高品质生产资料，都离不开现代高新科学技术的研发和运用。而高新科学技术、高素质劳动力和新型高品质生产资料正是新质生产力的主要内容，对现代产业体系的构建具有决定性作用。

第三，高质量发展是体现新发展理念的发展、好的发展，也就是产出质量高、经济效益高、社会效益高、生态效益高、经济运行状态好（即产业结构、地区结构、城乡结构、公平与效率关系、速度与效益关系、供求关系、投资积累与消费关系、进出口关系、国内外收支关系、财政和金融状况、就业和物价状况等趋向合理优化）的经济发展状况。要做到这"四高一好"，必须以新质生产力为基础。新质生产力的运用能够为高质量发展形成新动能，提供物质技术和人力支持，更好地发展战略性新兴产业和未来产业。

以上说明，形成发展和运用新质生产力是新时代新发展阶段的根本任务，提出形成和发展新质生产力，抓住了实现中国式现代化和高质量发展的关键。

三、形成和发展新质生产力的主要途径

新发展阶段，中国应该怎样形成和发展新质生产力？生产力的发展是指生产力数量的增加、品种的创新、质量和效能的提高。新质生产力的主要内容，简单地说就是高新科学技术、高素质劳动力和新型高品质生产资料。形成和发展新质生产力，就是创造和掌握高新科学技术、提高劳动力的素质或者说培养高素质的劳动力、生产出新型高品质生产资料。进入新发展阶段，关键核心技术既换不来也买不到，只能依靠自主研发创新，高素质劳动力需要通过发展和逐步普及高水平的教育来培养，新型高品质生产资料需要建立相应的高新技术产业生产出来。中国现在要形成和发展新质生产力，只能主要依靠自主创新、发展现代教育、建立和发展高新技术产业。正如党的二十大报告提出的："教育、科技、人才是全面建设社会主义现代化国家的基础性、战略性支撑。必须坚持科技是第一生产力、人才是第一资源、创新是第一动力。"由于自主研发创新高新科学技术必须依靠高素质的劳动力，高新技术产业也需要依靠高素质的劳动力运用高新技术才能建立和发展，两者都依赖高素质的劳动力，而高素质的劳动力又主要依靠教育来培养，因此中国现在要形成和发展新质生产力，关键是加快发展教育事业。

（一）加快推进教育现代化，培养高素质劳动力

新发展阶段，中国必须认真贯彻落实科教兴国战略，坚持执行教

育优先发展方针，加快建设教育强国、人才强国，着力造就拔尖创新人才。加快推进教育现代化，除了继续加大教育投入、改革完善教育制度、优化教育资源配置、努力提高教育经费使用效果之外，在人口总量开始下降的大趋势下，中国教育发展的战略应该切实由以数量规模扩张为主向稳定数量规模、优化教育结构、提高教育质量为主转变，特别要注重提高高等教育的质量。提高本科教育质量的重点，应该是避免课程内容与中学的重复教学，多读经典原著，增强本科生坚实的专业理论基础；提高研究生教育质量的重点，应该是增强研究生的创新意识，提高研究生的科研能力，主要是提高研究生毕业论文的质量和选题的创新性，以利于培养更多的高科技优秀人才和科研创新领军人才。要注重加强职业教育，重视实践操作，培养更多大国工匠。

（二）加强自主创新，创造和掌握高新技术

新发展阶段，中国必须认真贯彻落实科教兴国战略，坚持创新在现代化建设全局中的核心地位，努力执行科技自立自强、人才引领驱动的战略方针，加快建设科技强国。加强自主创新，需要继续深化科研体制改革、健全新型举国体制、完善科技创新体系和管理制度、加强基础研究、着力组织重大关键核心科技攻关，切实合理保护知识产权、形成有效的科研激励机制，还需要加大各级政府和企业的科研投入，优化科研资源配置，努力提高科研经费使用效果，继续发挥还存在的后发优势和比较优势，尽可能引进国外高新科学技术，创造更好的条件吸引和利用国外的优秀科研人才。同时，必须下决心改革完善科研项目申报和结项成果的审核、科研奖励的评审标准和方法，即主要由相关行政机构主导、重点考核发表成果的数量和刊物及出版机构的级别转向主要由学术机构主导、相关领域专家评审，重点考核创新性和科学技术对经济社会发展的实际贡献，不急功近利、不追求"短平快"，甘于"坐冷板凳"，力争"高精尖"，资助、鼓励科研人员研究真问题、做实学问、出精品。在科研项目和经费管理上，尽可能减少不必要的行政管理和干预、过多的表格填写、形式主义的报告提交，给科研人员更多的自主权，使他们能够集中更多的精力搞科研，多出创新性成果。坚决反对论资排辈，注重给中青年科研骨干挑重担、压重任，并提供较好的科研条件，适度延迟高新科技领域资深专家的退休年龄，真正发挥老年传帮带的作用。

（三）加强高新技术产业发展，生产新型高品质生产资料

形成和发展新质生产力，必须生产更多更好更新的高品质生产资料，为此又必须整合科技创新资源，引领发展战略性新兴产业和未来产业，加快传统制造业升级，推进先进制造业高质量发展。具体措施主要包括：加大高新技术产业的投入，给予高新技术产业必要合理的财政、金融、用人、用地等优惠条件，加强高新技术和产品的研发，突破高新技术产业的技术瓶颈，形成高新技术产业的产业链和产业集群，努力进入世界产业价值链高端，合理扩大高新技术产业规模，重点发展人工智能产业、高端计算设备生产、高端芯片生产、高端机器设备的生产、5G和6G移动通信设备生产、量子通信设备生产、现代航空航天设备生产、深海探测和开发设备生产、高速铁路和电动汽车

等现代交通运输设备生产、高端发动机和盾构机等各类机械设备生产及操作控制系统制造、高端太阳能、风能、水能、地热能、海洋能、生物质能等可再生能源设备生产、核聚变能和氢能等清洁能源的生产、特高压输电技术设备生产、现代生命健康和医药设备生产、各类现代基础设施建设，以生产出更多更好的新材料、新能源、新基础设施、高新机械设备、新工具。

四、发挥新质生产力的作用，以高质量发展推进中国式现代化

生产力是推动经济社会发展的最基本的决定性因素，但是生产力发展并不等于经济社会发展，因为生产力还有一个运用和真正发挥作用的问题。发展生产力的最终目的是促进经济社会的发展、满足社会需要。只有合理有效地使用发展起来的生产力，才能实现经济社会的发展，生产出更多更好的产品，提供更多更好的服务，以满足社会需要。新质生产力是实现高质量发展和中国式现代化必备的物质技术基础，现在提出形成和发展新质生产力的目的，就是要更好地推进高质量发展和中国式现代化建设，满足广大人民群众对美好生活的需要。那么应该如何更好地运用新质生产力、发挥新质生产力的基础性作用、推进高质量发展和中国式现代化建设？总的来说，必须深化改革完善相关制度，真正实现人尽其才、物尽其用、科技尽其能，最重要的是运用高素质劳动力，大力发展数字产业和数字经济，运用数字技术改造武装包括传统产业在内的所有产业，实现数字产业化、产业数

字化，形成高水平的现代化产业体系。

为了充分有效地利用高素质劳动力，发挥其重要作用，真正做到人尽其才，应该发挥市场在人力资源配置中的决定性作用，同时发挥政府的促进作用，消除各种限制人才流动的不合理的规章制度，允许和鼓励人才合理流动，尽可能让各类不同的人才流动到最适合自己的岗位上，充分发挥自己的聪明才智，从而为经济社会发展作出最大的贡献。同时，应尽可能提供充分就业的机会，让所有的人才都能够发挥作用，不至于发生人力资源闲置浪费现象。要加快形成合理的竞争机制和必要的激励机制，通过竞争优胜劣汰，给予优秀人才合理有效的激励，调动各类人才的积极性、主动性和创造性，更好地发挥优秀人才的重要作用，同时促进普通劳动者奋发向上、努力学习提升，从而进一步提高所有劳动力的总体素质，发挥更大的作用。要建立健全各类人才的保护制度，不断提高劳动者的生活水平，保障各类人才的身心健康，使其可持续地发挥作用。

为了充分有效地利用高新科学技术，发挥其重要作用，真正做到科技尽其能，应该取消和克服各种不合理的限制和制度障碍，采取各种有效的激励政策和措施，保护高新科学技术研发者和拥有者的合法权益，让他们创造有利条件，克服困难，尽可能在经济社会发展中运用高新科学技术，切实把高新科学技术的研究成果转化为实际生产力。大力发展高新技术产业是发挥高新科学技术作用最基本也是最主要的途径，高新技术产业既是新质生产力的创造者，又是新质生产力的使用者和发挥新质生产力作用的主要渠道。高新技术产业的快速发展是构建现代化产业体系，更快更好地实现高质量发展和推进中国式现代化的必然要求。

为了充分有效地利用高品质生产资料，发挥其重要作用，真正做到物尽其用，最重要的是努力发挥中国人口众多、市场广阔的统一大市场优势，尽可能地鼓励推广使用新型高品质生产资料，比如尽可能使用新能源、新材料、新机械设备、新基础设施等。这样不仅能够适应高质量发展和中国式现代化的要求，而且可以快速降低新型高品质生产资料的生产成本和使用成本，增加新型高品质生产资料的市场需求，提高高新技术产业的经济效益，进一步刺激新型高品质生产资料生产的扩大，更多、更好地发挥新型高品质生产资料的基础性作用。

习近平在中央政治局第三十四次集体学习时指出："加强关键核心技术攻关。要牵住数字关键核心技术自主创新这个'牛鼻子'，发挥我国社会主义制度优势、新型举国体制优势、超大规模市场优势，提高数字技术基础研发能力，打好关键核心技术攻坚战，尽快实现高水平自立自强，把发展数字经济自主权牢牢掌握在自己手中"；"推动数字经济和实体经济融合发展。要把握数字化、网络化、智能化方向，推动制造业、服务业、农业等产业数字化，利用互联网新技术对传统产业进行全方位、全链条的改造，提高全要素生产率，发挥数字技术对经济发展的放大、叠加、倍增作用"。数字技术是新质生产力中最重要、最能广泛使用、最有发展和运用前景，也最能提高效率的高新科学技术；数字产业是现代化产业体系中的皇冠产业；数字经济是现代经济最突出的经济特征和最具有代表性的经济形式。因此，发展数字经济有利于推动构建新发展格局、建设现代化经济体系、构筑国家竞争新优势。在新发展阶段，要更有效地运用新质生产力、更好地发挥新质生产力的基础性作用，战略重点应该是运用高素质劳动力，大力发展数字产业和数字经济，实现数字产业的迭代升级，运用数字技术改造武装包括传统产业在内的所有产业，实现数字产业化、产业数字化，形成高水平的现代化产业体系。相关政府部门应该努力建设数字经济的新基础设施和产业平台，推动互联网、大数据、云计算、人工智能同产业深度融合，加快培育一批专精特新企业和制造业单项冠军企业。同时必须实事求是、从实际出发、脚踏实地、因时因地因企制宜、真抓实干、注重实效，不能搞形式主义、为数字化而数字化。

总之，加快形成新质生产力是新发展阶段的重要战略任务，现在提出形成和发展新质生产力，抓住了实现中国式现代化和高质量发展的关键。新质生产力是新型的高水平生产力，主要内容是高新科学技术、高素质劳动力和新型高品质生产资料，是高质量发展和中国式现代化的重要物质技术基础，必须加快推进教育现代化以培养高素质劳动力，加强自主创新以创造和掌握高新技术，加强高新技术产业发展以生产新型高品质生产资料。政府部门必须深化改革完善相关制度，更好地运用新质生产力，做到人尽其才、物尽其用、科技尽其能。

第二篇
实现路径

以科技创新带动新质生产力发展

◎ 郑新立

（中共中央政策研究室原副主任）

我认为提出新质生产力这个概念，是对马克思主义关于生产力理论的继承和发展，也是对邓小平同志提出的科学技术是第一生产力理论的继承和发展。

生产力理论是马克思主义唯物主义历史观的重要组成部分。按照历史唯物主义原理，生产力是推动人类社会进步的决定性力量。生产力的发展水平决定了生产关系，生产关系的总和也就是经济基础决定了上层建筑，因此生产力的发展归根到底决定着人类社会发展水平，决定着一个社会的性质。在改革开放初期，我国经济学界关于生产力的定义展开了一场争论。

当时于光远先生主张两要素论，生产力包括劳动力和劳动工具。孙冶方先生主张三要素论，即劳动力、劳动工具和劳动对象。我本人是赞成三要素论的，因为只有劳动力、劳动工具、劳动对象这三个要素结合，才能构成现实的生产力。邓小平同志提出科学技术是第一生产力，强调了科学技术对生产力的重要作用。科学技术体现在劳动力的能力上，物化在劳动工具和劳动对象之中。下面，我谈谈对新质生产力的几点理解，供大家讨论。

我讲的第一个观点，是发展新质生产力要从提升生产力要素质量入手。

劳动者是生产力中最活跃的因素，也就是说劳动力本身的素质决定着生产力发展的水平。所以我们发展新质生产力，首先要大力提高劳动者素质，这就要从教育入手。改革以来我们对教育的投入有了大幅度增长，特别是大学的毛入学率2023年已经达到60%。我记得1964年，我上大学的时候，当时大学的毛入学率只有1%左右。经过半个多世纪，现在已提升到60%，进步很大。但是跟美国比，我们的差距还是很明显的。要想达到美国的这个水平，我们还要提高27个百分点。所以，对大学的投入，包括基础教育投入、研究生教育和职业教育的投入，都还要大幅度增加，提高全体人民的文化科学水平。通过提高劳动者素质，来为新质生产力的发展提供高质量的研发人员和劳动者。生产工具是生产力发展的标志。原始社会的工具是石器，奴隶社会的工具是青铜器，封建社会的工具是铁器，资本主义社会的工具是机器。不同的生产工具决定了社会发展的不同阶段。我们现在进入了智慧工具的发展时代，正努力实现劳动生产过程的智慧化、无人化，数字经济是当代主要的标志性产业。也就是说未来的社会主义社会，必须创造出比资本主义机器大工业时代科技水平更高的新的生产工具。

根据劳动对象的区别可以划分出不同的产业，农业的劳动对象主要是土地；工业的劳动对象主要是矿产品、农产品等初级产品；第三产业主要是提供各类服务，包括消费性服务和生产性服务。通过提供各种各样的服务，满足人民生活和生产的需要。随着科技进步，劳动对象的质量和性能不断提升，新材料不断涌现，工业合成材料逐步替代天然材料。

所以，我们发展新质生产力，应当瞄准生产力的三大要素，努力提升它们的质量，从而创造出新的更高水平的生产力。

第二个观点是，人类社会已经进入到了第四次工业革命。

二百多年以前，人类社会爆发了第一次工业革命，逐步结束了长达几千年的农业社会。到目前为止，我们已经经历了三次工业革命，每一次工业革命都有它标志性的能源和标志性的产业。第一次工业革命的能源主要是煤炭，主要的动力装备是蒸汽机，出现了由蒸汽机驱动的火车、轮船，主要的工业是纺织业。第二次工业革命的能源主要是石油，动力装备主要是内燃机，出现了汽车、飞机，催生出机器大工业。第三次工业革命以原子能、电子计算机、空间技术和生物工程的发明和应用为主要标志，涉及信息技术、新能源技术、新材料技术、生物技术、空间技术和海洋技术等诸多领域的一场信息控制技术革命。

现在已经进入了第四次工业革命。第四次工业革命的能源，我认为是低碳、零碳能源。就是通过碳捕集技术，把工业排放的二氧化碳甚至前三次工业革命排放在大气里边的二氧化碳与绿电产生的绿氢产生化合反应，生产出绿甲醇，替代石油、天然气等化石能源，实现二氧化碳资源化。把能源生产的过程变成减碳的过程。或者使二氧化碳与工业废渣产生化合反应，生产出可用作建筑材料的碳酸钙。推广这种工业固碳技术，可使建筑材料的生产过程变为负碳过程。所以第四次工业革命的能源和材料就有可能是低碳、零碳、负碳能源和材料。第四次工业革命的主导产业现在看来越来越清楚，就是数字经济，这是2023年中央经济工作会议提出的一个概念。数字经济再加上新能源、新材料，是第四次工业革命的标志。前三次工业革命我们都落后了，一直到现在我们还在补课，还没补完。关于第四次工业革命，现在看来在一些领域，我们已经跟世界先进水平处在同步或者是略微领先的地位。所以在第四次工业革命中，我们通过发展新质生产力，有可能从前三次工业革命的跟随转变为第四次工业革命的同步或者引领。过去毛主席讲过一句话，中国应当对人类有较大的贡献，现在这个机遇来了。我们在第四次工业革命中能够创造出新的绿色能源、固碳材料、数字经济，就有可能为人类社会作出贡献。

第三个观点是，新质生产力必须建立在当代最新技术基础之上。

中央经济工作会议第一次提出未来三大战略性新兴产业。一是生物制造，通过生物技术来生产出我们所需要的一些产品；二是商业航天，包括通信卫星、太空育种等；三是低空经济，包括通用航空、无人机等。在低空领域利用方面，我们和美国相比，差距很大。美国有两万多个机场，我国仅有200多个机场。集中力量发展这三个产业，将形成几万亿元的GDP。此外，先进制造业、绿色能源、新材料和新型基础设施建设发展空间巨大，也应作为发展的重点，加大技术研发和投入力度，特别是芯片等"卡脖子"技术和高科技产品，应发挥新型举国体制优势，集中力量予以突破。加快发展这些产业，不仅有利于促进产业转型升级，而且对解决需求收缩这一当前面临的突出问题，都将发挥重要作用。

中央经济工作会议提出，要通过颠覆式技术和前沿技术的创新，创造新的赛道，比如说量子技术和生命科学的发展，对未来全球技术进步具有重要意义。

中央经济工作会议还提出，要以绿色技术和数智技术改造传统产业，这是一件量大面广的重要战略性任务。2023年7月份，我去苏州市调研，了解到苏州市提出一个任务，就是要在2023年年底以前，全部完成规模以上工业企业数字化改造。苏州已经走在全国前列。现在我们的传统产业里还有大量应用比较落后的工业技术，通过加快绿色技术和数智技术改造，可以大大提高劳动生产率，减少温室气体排放。

中央经济工作会议在发展新质生产力方面，对以上三个重点任务做出了部署，我们一定把这些任务落到实处。

第四个观点是，劳动生产率是评价生产力水平的主要标准。

评价生产力发展水平的高低，用什么标准？主要是看劳动生产率。评价一个国家的生产力发展水平，要看人均劳动生产率，一个最具综合性的指标就是人均国内生产总值，这是评价一个国家劳动生产率水平的最重要的指标。在这方面我们一定要有一个清醒的认识，我国人均GDP只有美国的1/6左右。列宁讲，劳动生产率归根到底是新社会制度胜利的最重要最主要的东西。列宁认为社会主义能够代替资本主义，靠什么？他认为关键是靠社会主义能够创造出比资本主义更高的劳动生产率。所以，中国特色社会主义要不断巩固发展，中国式现代化要不断推进，归根到底取决于不断提高中国的人均GDP水平。在这方面，我们的任务仍然十分艰巨。改革开放使我们大幅度缩小了同发达国家的差距，但要在人均GDP方面赶上以至超过发达国家的水平，还要走很远的路程，需要几代人的努力。切不要骄傲自满，更不能裹足不前。从劳动生产率的角度来考察，农业无疑是与发达国家差距最大的部门。我国从事农业的劳动力仍有1.7亿人，占全社会劳动力的比重仍有20%以上。而美国从事农业的劳动力只有200多万人，只占其全部就业人口的1%。美国的农业劳动生产率是我国的70倍。加快农业现代化步伐，建设农业强国，应当放在发展新质生产力的重要位置。通过发展智慧农业，用大型机械设备代替农业的传统作业方式，对提高劳动生产率的效果非常突出。

归根到底，我们通过技术进步，通过提高劳动者素质，通过改善经营管理水平，全面快速提升中国的劳动生产率水平，提高人均GDP的水平，是我们发展新质生产力面临的重大的、紧迫的任务。

"1＋2＋6"模式：新质生产力的培育路径

◎庞瑞芝

（南开大学企业研究中心主任，经济与社会发展研究院教授、博导）

新质生产力与战略性新兴产业和未来产业紧密相关，核心特征是科技创新密集，是创新潜能充分释放的产物，是原始创新作为核心推动力的结果。如何培育和形成新质生产力？本文从"1＋2＋6"模式来论述培育和形成新质生产力的前提基础、战略路径的理论逻辑，其中，"1"是指以战略性新兴产业和未来产业为核心的产业体系，"2"是指培育和形成新质生产力的前提和基础，"6"是指释放创新动能、培育和形成新质生产力的六条战略路径。

一、新质生产力核心产业的形态和特征

战略性新兴产业与未来产业作为新质生产力的核心产业，其从技术到产业的发展过程及形态具有以下特征：

一是生产体系数字化。随着信息技术的迅猛发展和数字化浪潮席

卷全球，各国在布局战略性新兴产业和未来产业的同时都积极推动数字化转型，以应对不断发展变化的经济、社会和技术挑战。除此之外，新一代信息技术的快速发展和广泛应用不仅推动了数字产业化进程，也推动了新能源、新材料、先进制造和生物技术相关产业的产业数字化进程，尤其是在人工智能、量子信息、工业互联网、卫星互联网和机器人等未来技术领域，这些未来技术转化到未来产业（产品和服务）的生成、生产和制造过程中，生产体系的数字化和智能化已经成为内生条件，也是关键特征。新质生产力具有以大数据、互联网、云计算、区块链及人工智能等工具体系为代表的生产力系统，是科技持续创新与产业不断升级所衍生的新形式和新质态。生产体系数字化能够以数据驱动引领企业运营和业务模式创新，帮助企业充分利用全球资源和要素，激发产业链上下游相关企业、科研机构和公共部门等主体协同创新，形成更多新质生产力，塑造发展新动能新优势，实现高质量发展。

二是产业发展融合化。产业融合发展的驱动因素来自技术的融合、产品和服务的融合以及有利于产业融合的外部环境。技术融合是产业融合的前提，新质生产力表现出技术交叉融合的特点，不仅深化了产业分工，而且强化了产业间的协作关系。产业融合趋势不仅包括制造业与服务业的融合化，还包括传统产业与新兴产业的融合化以及产品内部与服务内部环节之间的融合化和边界模糊化，在技术、产品和服务深度融合过程中诞生新兴产业和业态。新质生产力核心产业与传统产业相比，具有涉及领域新、技术含量高、依靠创新驱动、产业辐射面广等特点，是各国经济发展竞争的关键点，更是现代化产业体系的主体力量，其能够打破传统行业壁垒，促进资源共享和协同创新，促进产业融合发展。一方面，战略性新兴产业发展高度依赖传统产业作为基础、提供技术支撑；另一方面，战略性新兴产业能运用新成果、新技术改造提升传统产业，为其发展提供强大新动能。新质生产力核心产业以创新驱动高质量发展，整合资源、技术和市场，为三次产业发展融合化提供更多空间。

三是生产过程绿色化。新质生产力核心产业在新发展理念指导下，区别于传统产业依靠大量资源投入、高度消耗资源能源的发展方式，将科技创新作为核心驱动，实现发展生产力和保护生态环境有机结合、促进产业经济绿色转型、促进人与自然和谐共生、实现经济高质量发展。目前，人工智能、大数据、区块链、量子通信等新兴技术加快应用，不仅培育了智能终端、远程医疗、在线教育等绿色节约、环境友好型的新产品、新业态，而且在新兴技术与传统产业深度融合促进产业升级的同时，实现节能减排、清洁生产和推动资源循环利用，并通过智能制造和数字化技术、环境管理和监测等措施实现生产技术绿色化，促进经济社会绿色低碳转型，实现经济社会发展和生态环境保护的协调统一。

四是复杂技术交叉化。当前，全世界科技创新进入高度活跃时期，新一代信息、生物、能源、材料等领域涌现了大量的颠覆性技术，并且呈现出融合交叉、多点突破的态势。现代科学既高度分化又高度综合，其交叉点往往就是科学技术新的生长点、新的科学前沿，这里最有可能诞生重大的科学突破，发生革命性变化。战略性新兴产业和未来产业都面向前沿领域科技，是由多个学科复杂的前沿技术交叉融合并进行技术工程化和产业转化而形成，多学科、多领域的技术交叉融合创新在其中发挥主导作用。不仅如此，新质生产力进一步发展壮大的关键依然靠多学科技术交叉融合以及多类创新主体协同创新来推动，通过将不同领域的技术和概念融合，创造出新的知识和方法，推动科学研究和技术创新，交叉学科创新不断涌现，从而不断培育和壮大新质生产力。

五是多链协同网络化。战略性新兴产业与未来产业具有面向世界科技前沿、创新活跃、技术密集、发展前景广阔等特点，是科学技术创新链与成果转化的产业链、价值链紧密耦合的结果。从战略性新兴技术与未来技术到培育和形成战略性新兴产业与未来产业，需要满足以下条件：首先，技术需要经过不断研发和验证，才能达到应用于实际生产的水平；其次，需要具备一定规模的市场需求，只有市场需求足够大，才能为新兴技术转化为产业提供持续动力；最后，需要具备较为完善的创新生态和产业生态。战略性新兴产业和未来产业是一个复杂的系统，需要多元化创新主体协同创新以及上下游产业链的协同发展，才能助推"新兴技术—新兴产业"这一过程。满足以上这些条件需要跨越两类鸿沟，即"达尔文死海"：一类是基础科学研究与应用技术开发之间的鸿沟，另一类是新技术实现到成果转化和产业化之间的鸿沟，即克服产业链上下游环节对新技术应用和推广的阻碍和制约。具备以上条件并跨越这两类鸿沟意味着要统筹创新链、产业链、资金链、人才链等多方资源和要素，形成创新网络与生产网络、价值网络的耦合，最终推动战略性新兴技术和未来技术形成新质生产力。

二、培育新质生产力的前提和条件

自由流通、破除壁垒的全国统一大市场是培育和形成新质生产力的前提。 新兴技术和未来技术要转化为规模化产品并最终形成产业需要跨越技术从实验室到市场应用之间的鸿沟。市场需求，尤其是较大规模的市场需求对新兴技术形成新产品、新兴产业和未来产业而言至关重要。斯密—杨格定理指出分工水平取决于市场规模，市场规模又取决于分工水平，较大的市场规模通过深化分工、增加生产的迂回环节能促进技术迭代并提升生产效率，较大市场规模能够缩短技术从实验室到大规模生产转化形成产业的过程，从而促进"技术—产业"形成良性循环。我国所具有的超大规模统一大市场是培育战略性新兴产业和未来产业的战略资源，更是形成新质生产力的独特制度优势。因此，破除地区之间的隐形壁垒、构建全国统一大市场，消除商品流通和生产要素自由流动的堵点、痛点、卡点，发挥超大规模统一市场的独特优势、促进国内国际双循环，是我国培育新质生产力的前提。

释放创新潜能、整合创新资源的组织体系保障是培育新质生产力的基础。 新质生产力是更高层次的生产力水平，其创新的模式、周期和动力等发生巨大变化，现有的一些组织体系、管理制度难以适应新质生产力对创新的内在要求。因此，需要按照新质生产力对创新模式的内在要求来变革组织体系和管理制度，以适应新质生产力发展。具体而言，在微观层面，除了企业组织架构的网络化、扁平化和研发模式的迭代化、开放化以外，企业创新管理的变革在新质生产力的发展过程中尤为重要，例如企业创新模式需要转向开放式创新，因而要制定适应开放式创新的发展战略、架构创新资源，以应对不同创新环节之间的动态交互，从而识别创新的潜在空间和引导创新的方向；在中观层面，随着复杂技术交叉化和产业发展融合化，依托行业数字平台建立跨行业的创新生态成为必然趋势，并以此来集聚创新资源、促进各类创新主体在分工基础上协同创新；在宏观层面，新质生产力的发展有赖于政府的制度供给，通过创新治理方式、优化重大科技创新布局和创造良好的新技术应用场景，持续推动创新成果的产生、转化与应用推广，从而为新质生产力的培育与形成提供制度环境和组织保障。

三、以系统化、体系化制度创新激发科技创新潜能

科技创新是新质生产力的内核，培育和形成新质生产力的着力点在于最大限度激发科技创新潜能，而创新是一个复杂的系统工程。培育和形成新质生产力需要以系统化、体系化制度创新来释放创新活力，推进我国科技创新模式由模仿创新为主转向原始创新为主，锚定世界科技前沿的战略性新兴技术和未来技术，统筹兼顾、协调推进。具体而言，要实施以下战略路径：

构建国家战略科技力量体系，推动战略性科技任务取得重大突破。 国家战略科技力量体系是指统筹国家发展与安全，在国家间战略必争的重点科技领域体现国家战略意志、服务国家战略需求，直接支撑国家战略目标实现、代表国家战略科技水平的组织体系。战略性新

兴产业和未来产业的底层技术均是关系到国家未来的重点科技领域，其发展离不开国家战略科技力量的强化。目前，在国家战略科技力量主体之间存在利益争夺、重复研究、激励扭曲以及对国家战略需求支撑不强等问题，阻碍了新质生产力的进一步发展。强化国家战略科技力量，需要以国家实验室为骨干，建设由高水平研究型大学、科研机构、科技领军企业、国家实验室体系四轮驱动、政府与社会相结合的创新网络，形成"金字塔型"科技力量结构，构建"新型举国体制＋战略科技力量＋企业集群＋商业转化力量"的协同攻关模式。

建设面向原始创新的科学研究体系，实现科技自立自强。模仿创新已经难以满足战略性新兴产业和未来产业的发展需求，而原始创新是促进新质生产力发展的重要途径。建设专注于原始创新的开放性科学研究体系的落脚点，在于加强基础研究投入、建设激励原始创新活动的制度环境与政策体系。依据基础科学发展的大科学化、跨学科化、科学技术化和技术科学化的未来发展趋势，以及"科学—产业""科学—技术—产业"多层次融合态势来构建定位精准、主体多元、提升原始创新能力的开放型科学研究体系。该体系主体包括大学、科研机构、新型研发组织、科技领军企业、各行业创新链的链主企业以及各类主体协同合作的创新共同体等。面向世界科技前沿，建设面向原始创新的开放型科学研究体系，以体系化建设夯实我国研发战略性新兴技术和未来技术的科学理论和研究基础，摆脱模仿式创新惯性，在协同发展的新机制下实现加强基础研究、提升原始创新能力的目标，激发科学研究主体从事"从0到1"的科研创新活动，从根本上解决我国现存的原始创新能力不强、关键核心技术"卡脖子"的问题。

构建以企业为主的创新成果转化体系，提升科技支撑经济发展的能力。 创新成果只有真正商业化才能形成生产力，停留在实验室阶段或束之高阁的创新成果是无法转化为新质生产力的。构建高效的创新成果转化体系至关重要，其关键在于突出企业创新主体地位。《2022年中国专利调查报告》显示，2022年我国企业发明专利产业化率为48.1%，远高于高校的3.9%。构建以企业为主的创新成果转化体系，重点在于支持企业与高校等共建研发机构，打通成果转化与市场衔接"最后一公里"服务体系，形成"企业出题、政府立题、产学研金用协同破题"的科研项目攻关机制；通过健全技术创新的市场导向机制、发挥共性技术设施平台效能、激发企业创新投入和创新内在动力，建设创新能力突出、集成创新能力强的领军企业和企业集群。巩固我国企业的创新主体地位，提升企业创新能力与成果转化效率，解决长期以来存在的"科技经济两张皮"问题，实现"创新驱动发展、发展带动创新"的更高水平动态平衡。

构建区域分工协同、内外贯通的开放创新体系，形成区域创新合作新格局。 新质生产力的发展不能靠各地单打独斗、各自为政，而有赖于各地立足自身优势抱团联动、协同创新。当前，在我国战略性新兴产业和未来产业发展过程中，地区产业规划、关键领域或重大项目存在趋同现象，易引发恶性竞争、重复建设和无序竞争等问题，导致区域产业间创新资源整合不足、创新主体互动不够、协同创新能力不强、关键技术攻关缺环掉链。建设区域间分工协同、内外创新资源要素流动贯通的开放创新体系，需要以建设具有全球影响力的国际科技创新中心和综合性科学中心为引领，形成"国际科学中心—国家级新区和自主创新区—国家高新区—创新型省市和地方高新区"的梯度互补、分工合作、协同创新、动态平衡的雁阵格局；破除区域市场壁垒，推动市场基础设施相互联通，促进商品、要素和资源在区域内和区域间自由流动。拓展完善区域创新力量的"点—线—面"纵深布局，打破行政边界、缔造创新网络，打造区域协同创新共同体，以大科学装置为载体、以国际前沿交叉学科领域的跨国科研项目为纽带，吸引海内外科学家汇聚国际科学中心、集聚国外创新要素，建设区域协同支撑、内外创新资源要素贯通的开放创新体系，整合全国各区域创新资源对全球科技前沿的战略性新兴技术和未来技术协同创新、分工生产，依据各地区科技和产业综合优势，不断孵化和孕育适合本地技术和资源禀赋的战略性新兴产业和未来产业。

创新人才培养方式，构建可持续的人才培育与发展体系。要培育和形成新质生产力，人才培养方式与培育体系需要发生相应改变。构建适应新质生产力发展的人才培育与发展体系，要把握"一中心两基础"。一个中心是实施人才强国战略，深化人才体制机制改革；两个基础之一是完善人才培养培育体系，将创新教育植入教育的各个阶段。围绕科学—技术—创新—产业链的各个环节对不同类型人才产生"人才需求链"，来实现人才供给与人才需求的适配性对接，改革教育体系结构、提升教育体系功能，优化人才供给结构和能力。另一个基础是建设创新人才分类管理的人才治理体系，改善人才环境，优化人才配置格局。一方面要识别人力资本结构和创新人才分类，建立对创新人才的分类管理体系，探索不同类型的培养模式和渠道；另一方面要改革人才评价制度，完善创新团队培育机制，改革对国际高端人才和团队的管理体制和机制，实现"人尽其才"。

优化科技治理，塑造开放创新生态。 新质生产力涉及更复杂、更前沿、不确定性更强、迭代更快的技术，为科技评价和科技治理等带来了新挑战，培育新质生产力有必要优化和完善科技治理体系。建立良好的科技治理体系，要以全社会共同的目标和价值为引领，通过法律法规以及内控制度规范主体行为，通过政策和机制激励引导创新资源实现共同目标，充分发挥群体自治的基础性作用，围绕科技创新的基本规律来建设科技创新活动的运行秩序，保障相关主体的创新权益，促进创新主体深度融合实现高水平创新功能，提升科技创新能力。高效科技治理体系的建立，要实现"有效市场、有为政府、有序社会"三种机制的动态平衡，推动政府、企业和公众共同参与科技治理；建立符合国情且与国际接轨的科技伦理治理体系，加强对违法违规行为的监管，快速、灵活应对新技术发展带来的伦理挑战；探索建立由宏观治理（战略、政策、法律法规）到微观治理（内部规范）的层次丰富、体系完善的科技治理机制，形成鼓励自由探索、包容失败的创新文化，塑造开放创新生态。

抓住重点领域发展新质生产力

◎ 王昌林

（全国政协委员，中国社会科学院副院长、党组成员）

新质生产力是由技术革命性突破、生产要素创新性配置、产业深度转型升级而催生的当代先进生产力，具有战略性、原创性、颠覆性等特征。当前，在新一轮科技革命和产业变革的推动下，新质生产力正迎来突破性发展时期，为我国现代化建设提供了战略机遇，也带来新的挑战。需要处理好自主创新与国际合作、政府与市场、发展和安全等重大关系，着力营造良好的创新创业创造生态，扎实推动新质生产力发展。

一、深刻认识发展新质生产力的重要性与紧迫性

发展新质生产力是我国推进经济高质量发展、加快现代化建设的必然要求。从现实条件看，我国具备发展新质生产力的较好基础和优势，面临重大战略机遇。

发展新质生产力是推进中国式现代化的必然抉择。从当前看，我国正处在新旧动能转换、产业转型升级的关键时期，随着世界百年未有之大变局加速演进，来自外部的打压遏制不断升级，加上参与国际化发展的传统比较优势弱化，迫切需要加强科技创新，突破一批关键核心技术，提升产业链供应链安全性，重塑国际竞争新优势。随着我国生产要素条件发生重大结构性、趋势性变化，以及工业化、城镇化发展阶段性转换，我们迫切需要以科技创新推动产业创新，加快培育壮大新产业、新模式、新动能，不断创造新的需求、新的就业岗位，提升全要素生产率，保持经济合理增长。从中长期看，以中国式现代化全面推进强国建设、民族复兴伟业是最难的，也是最伟大的，要实现这一宏伟蓝图，客观要求我们必须加强颠覆性技术和前沿技术创新，努力推动形成新的科技革命和产业变革，大力发展新质生产力，开辟新的发展空间，努力走出一条新型现代化道路，促进世界和平与发展，推动构建人类命运共同体。

我国面临发展新质生产力的重大战略机遇。当前，新一轮科技革命和产业变革深入发展，正在推动形成新质生产力，为我国推进新型工业化和新型城镇化提供了重大战略机遇。信息技术革命进入新一波重大创新浪潮，人工智能、量子技术等颠覆性技术孕育重大突破，数字化、智能化转型向纵深推进，为我国提升全要素生产率，推动经济发展质量变革、效率变革、动力变革，走新型工业化道路提供了重大机遇。生物科技不断取得重大突破，正在推动农业、医疗、工业制造等领域深刻变革，为我国现代农业发展、健康中国建设等提供新的手段和途径。新能源发展突飞猛进，全球范围内能源供应正从传统油气转向绿色、清洁、可再生的能源，能源消费方式也正在发生转变，绿色低碳转型加速演进，预计到2030年，新能源在能源生产和消费中将占有举足轻重的地位，为我国加快能源转型、实现碳达峰碳中和提供了难得的机遇。此外，新材料、先进制造等领域中的技术也不断取得突破，有利于我国推动产业深度转型。

我国具备发展新质生产力的良好基础和优势。党的十八大以来，党中央、国务院深刻洞察新科技革命和产业变革趋势，大力推进新一代信息技术、高端装备、新材料、生物、新能源汽车、新能源、节能环保和数字创意等战略性新兴产业发展。10多年来，我国战略性新兴产业不断成长壮大，在数字经济、光伏太阳能、新能源汽车等领域实现换道超车，生物医药、高端装备等实现重大突破，对增加优质供给、扩大有效需求、促进高质量就业等发挥了十分重要的作用，为经济社会发展注入了强大动能。实践证明，我国在发展战略性新兴产业方面具有较好的产业基础、应用场景、科技人才资源和政治经济制度等优势。只要我们把握重大机遇，充分发挥优势，完全有条件、有基础、有能力在新赛道实现跨越发展。

也要看到，以人工智能、生命科学、未来能源等为代表的新一轮科技革命和产业变革深入发展，将深刻改变各国的比较优势和竞争优势，加速全球供应链价值链格局重塑，全球范围内围绕人才、技术、标准、规则等的争夺将更加激烈，这给我国带来新的挑战。我国新质生产力发展与先进国家相比还存在一定差距，现行政府监管体制、科技创新体制、产业政策等还不健全，不适应新质生产力快速发展的要求，必须切实解决。如果不能抓住机遇，跟上新质生产力发展潮流，也可能在新赛道落伍。

二、要处理好发展新质生产力的三大关系

推动新质生产力发展，必须坚持以习近平新时代中国特色社会主义思想为指导，紧紧把握战略机遇，面向经济社会发展的重大需求，充分发挥优势，着力加强科技创新，突破关键核心技术，着力推动体制创新，营造良好的发展生态，以颠覆性技术和前沿技术催生新产业、新模式、新动能，促进经济发展向数智化、绿色化转型，为全面建成社会主义现代化强国提供强大动力。在发展中要把握好以下三大关系。

一是自主创新与国际合作的关系。新质生产力主要是原创性、颠覆性技术创新催生的，是买不来的，必须加强基础研究和前沿研究，推进科技成果转化和产业化发展，强化企业科技创新主体地位，提高自主创新能力。与此同时，每个国家都有自己的科技、产业优势和劣势，新技术突破和产业化又具有高投入、高风险、高收益等特征，只有加强创新链产业链国际合作、形成合力，才能更好地推动新质生产力的形成和发展壮大。

二是政府与市场的关系。新质生产力的形成是新技术、新业态、新模式产业化和初创产业不断产生、成长壮大的过程，需要政府在科学研究、技术开发等方面加强支持，在市场培育、应用场景建设等方面加强引导。但最根本的还是要发挥市场机制的决定性作用，打造良好的体制和政策环境，充分调动各类市场主体发展新质生产力的积极

性、主动性。国内外大量实践证明，新科技革命的方向是很难准确预测的，只要营造良好的创新创业创造生态，新技术、新企业、新产业等新质生产力就会不停"冒出来"。

三是发展和安全的关系。新质生产力主要是科技革命和产业深度转型的产物，它在深刻改变人类生产方式和生活方式的同时，也会不可避免地带来负面影响，而由此产生的问题主要应在发展中解决。因此，必须平衡好发展和安全的关系。一方面，要顺应世界科技进步和发展的潮流，鼓励人工智能、生物科技等领域创新创造，推动新质生产力发展。另一方面，要加强人工智能、干细胞和基因治疗等领域安全法规建设，防止其野蛮生长，守好安全的底线。

三、推动重点领域实现突破

习近平总书记在2023年中央经济工作会议上对发展新质生产力提出了明确要求，要切实抓好贯彻落实。

一是发展数字经济，加快人工智能发展。充分发挥我国海量数据和丰富应用场景优势，加快数字产业化和产业数字化转型，进一步做强做优做大数字经济。要加快推动高端芯片、操作系统等研发突破和迭代应用，完善数据基础制度，推动公共数据有序共享和开发利用，促进平台企业规范健康发展。加快数字中国建设，促进数字技术与实体经济深度融合，赋能传统产业转型升级。加快出台重要数据分类分级管理实施细则，制定国家关键安全数据清单，建立数据跨境流动"白名单"制度，大力发展数字贸易。人工智能是新一轮科技革命的重要战略高地,是新质生产力的重要引擎。要支持算法等原创性人工智能技术研究,建立健全自然语言处理、深度学习、机器学习等基础学科体系,加强人工智能数据、算力平台建设,积极推动具有自主知识产权的人工智能大模型应用,加快培育发展人工智能产业。

二是打造生物制造、商业航天、低空经济等若干战略性新兴产业。 生物制造是利用生物体机能进行物质加工与合成的绿色生产方式,其发展正在推动化工、医药、轻工、能源等领域制造方式的深刻变革。要加快建立以临床价值为导向的审评审批机制,推进医疗产品和服务价格改革,完善价格形成和费用分担机制,激励生物医药企业创新。完善生物制造新技术和产品市场准入机制,推动生物催化工艺路线替代化学催化过程、生物基材料替代石化基材料,提升传统生物发酵产业效率和绿色化水平。航空航天产业是我国的重要战略产业,目前商业航天和低空经济正在成为大国博弈和科技经济竞争的重要制高点,呈现快速发展态势。面对新的形势,必须从统筹发展和安全的战略高度,加大航天前沿技术、核心技术攻关力度,适应商业航天批量化、低成本、快响应等特点,组织实施强链补链工程,破除政策制度壁垒,加快形成更加开放、安全的市场化、规模化产业生态体系。要建立健全低空空域管理制度,推进无人机等在农业、物流、旅游等领域应用,大力发展低空经济。

三是开辟量子、生命科学等未来产业。 未来产业主要是由重大科学革命引发技术革命,进而推动产业革命所形成的新产业,代表未来新质生产力发展方向。正如人类历史上爆发的电力革命、信息技术革命一样,未来产业的发展将推动人类生产方式和生活方式的革命性变化。当前，未来产业总体处于孕育突破发展时期，我国与发达国家基本处于同一起跑线，面临跨越发展的重大历史机遇。要按照科研先行、创新驱动、应用牵引、国际合作的思路，在量子信息、基因技术、氢能与储能等前沿科技和产业变革领域，组建一批国家实验室，实施一批具有前瞻性、战略性的国家重大科技项目，主动设计和牵头发起国际大科学计划和大科学工程，鼓励自由探索，推动重点领域科学突破。要布局一批国家未来产业技术研究院，加强原创性、引领性科技攻关，推动颠覆性技术创新。要组织实施未来产业孵化和加速计划，实施产业跨界融合示范工程，打造未来技术应用场景，培育发展一大批独角兽企业，加速形成若干未来产业。

用颠覆性技术发展新质生产力

◎赵 琛

（全国政协委员，中国科学院软件研究所所长）

中央经济工作会议将"以科技创新引领现代化产业体系建设"置于2024年经济工作九大重点任务的第一项。会议指出要以科技创新推动产业创新，特别是以颠覆性技术和前沿技术催生新产业、新模式、新动能，发展新质生产力。

颠覆性技术和前沿技术是发展新质生产力的关键要素。正确认识颠覆性技术的本质特征，对于理解2023年中央经济工作会议精神具有重要意义。中国工程院原院长徐匡迪曾在"机械与运载工程科技2035发展战略"国际高端论坛上指出颠覆性技术是创新的"顶峰"，是一种"改变游戏规则"的前沿技术。真正的颠覆性技术具有两个共性：一是基于坚实的科学原理，它不是神话或幻想，而是对科学原理的创新性应用；二是跨学科、跨领域的集成创新，并非设计、材料、工艺领域的"线性创新"。

颠覆性技术能够改变游戏规则，改变产业格局，在经济发展中产生换道超车的效果，突破新赛道上的关键核心技术，将产生新质生产力。如新能源电车用电能驱动取代燃油驱动，颠覆了以内燃机为主和变速器为主的传统燃油车体系，具有零排放、能源利用率高、加速快等明显优势，打破了原有行业的技术垄断局面，创造出一个全新赛道，这是一个非常成功的换道超车发展模式。从环保和能源效率上看，新能源电车改变了传统燃油车排放尾气造成污染的格局，同时提供更高的动力传动效率，产生显著的环保效益；从用户体验上看，新能源电动车在静音驾驶和起步加速方面具有突出优势，同时还融合了先进的智能互联技术，相比传统燃油车具有更卓越的驾驶体验。

习近平总书记在党的二十大报告中指出，高质量发展是全面建设社会主义现代化国家的首要任务。IT科技创新是引领高质量发展的核心驱动力。但是，我国IT生态核心的芯片产业和基础软件产业主要构建在国外主导的X86和ARM两大私有指令集基础之上，这是我国整个IT生态长期受制于人的根源。2010年，美国加州大学伯克利分校计算机科学部门创造了一种通用的计算机芯片指令集RISC-V，采取开源模式，打破了指令集架构授权、指令扩展授权和商业IP核授权的三重垄断。除了采用开源模式外，RISC-V具有可扩展和模块化等先进技术特性，能够满足智能物联的计算环境下对计算性能的灵活需求，是计算生产力发展的必然选择。因此RISC-V非常有希望打破X86和ARM的垄断，为中国掌握IT产业发展主动权提供了重要的机遇，提供了新的赛道。

通过及早部署和发展RISC-V芯片产业和基础软件产业，可以在芯片制造和基础软件领域产生类似从传统油车到新能源电动车的换道超车的效果。2023年，中国科学院部署了前瞻战略科技先导专项"RISC-V基础软件"，布局了4个研究方向、12个模块、上百项关键技术，联合国内产学研优势力量，强化基础研究和技术研发的有效衔接，开展战略导向的体系化基础研究和关键核心技术攻关。一方面，培养造就高端人才积极参与国际社区治理，争取主导更多的具有重要影响力的开源项目，对于一些涉及生态话语权的核心技术，力争主导关键环节，形成战略平衡；另一方面，联合科研机构、高校同头部企业开展联合攻关，力争在新赛道上，突破关键核心技术，建立自主可控的信息技术体系。

颠覆性技术是基于对科学原理的正确理解，而不是对科学原理的颠覆，核心是"创新性应用"和"集成创新"。具备坚实的科学原理的基础知识，是能够产生颠覆性技术的基本前提。诺贝尔物理学奖获得者理查德·费曼曾经说过一句名言，What I cannot create, I do not understand（凡是我不能创造的，我就不能真正理解）。在创新成为我们社会的主旋律，颠覆性技术成为我们发展经济的新质生产力的时候，正确理解创新，正确理解颠覆性技术显得尤为重要，任何脱离了基本科学原理的奇思妙想，可能就会成为神话和幻想。同时，颠覆性技术具有创新性和前沿性的本质特征，因此在刚出现的时候，很难获得大多数人的认同，甚至无法被理解，社会对于颠覆性技术和前沿技术创新应给予宽容、理解与支持。

发展未来产业是形成新质生产力的关键

◎陈 劲

(清华大学技术创新研究中心主任)

新质生产力,指在当代科技进步条件下,新兴产业特别是战略性新兴产业、未来产业所产生的具有新的性质、新的属性的利用自然、改造自然的能力,它既有已经成为战略性新兴产业生长出的新枝,也有未来产业萌发的新芽,是经济发展的新动能。从整合科技创新资源到积极培育战略性新兴产业和未来产业,再到形成新质生产力,意义重大。

形成新质生产力,发展未来产业是关键。未来产业是基于前沿、重大科技创新而形成的产业。虽然尚处于孕育阶段或成长初期,但未来产业是最具发展潜力、对经济社会具有全局带动和重大引领作用的产业,是面向未来并决定未来产业竞争力和区域经济实力的前瞻性产业,是影响未来发展方向的先导性产业,是支撑未来经济发展的主导产业。

判断未来产业的标准,首先是国际对标。未来产业具有国际引领性，凡是本国正在形成的有强大国际竞争力的高新技术产业而其他国家或地区尚未发生或尚未发展的产业，均可称为未来产业，如我国具有较大优势的新能源汽车产业和形成新优势的柔性电子材料产业、合成生物产业等。其次是强竞争性。如世界各主要大国正竞相发展的基于大模型的人工智能，将在未来10—20年内形成具有颠覆性效应的未来产业。因此，未来产业具有较大潜在性、长周期性，常常需要经历几次重大的科学革命、技术革命和工程化之后才能形成，如可控核聚变产业、航天商业、深海装备业等。具体来说，未来产业多由科学理论的突破或技术轨道的变迁来形成，如基于后香农理论的未来通信产业、基于氘元素和氚元素的重氢和超重氢产业、以氮化镓（GaN）和碳化硅（SiC）等为代表的第三代半导体产业等。未来产业也可以来自传统产业的"未来化"改造，如基于生物工程的现代农业和食品业，由数据、人工智能、物联网赋能的家电产业等，增材制造、复合材料、石化新材料等也是正在崛起的属于这一特征的未来产业。

科学谋划未来产业，一是需要树立战略思维。坚持战略思维，善于从战略上看问题、想问题，就是要把握事物发展总体趋势和方向，从全局、长远、大势上作出判断和决策。培育和发展未来产业，就要以战略思维来进行科学谋划。我们要基于"非对称战略"，坚持国际视野，立足国际竞争，强化战略思维，提出符合国家或者区域资源禀赋特色的未来产业重点布局方向。二是需要树立科学家精神。未来产业多由科学理论的突破、技术轨道的变迁、创新范式的转化驱动。勇攀高峰、敢为人先的创新精神以及追求真理、严谨治学的求实精神，对于形成与发展未来产业极为关键。为此，广大领导干部、企业家、科学家和科技工作者，要积极学习科学技术前沿知识，关注颠覆性技术的变革，注重人工智能赋能的科技创新范式。我们也要重视基于未来产业知识计算服务引擎以及支撑人机混合智能的未来产业预见与决策支持平台的开发，综合运用人的主观洞见（如头脑风暴、未来蓝图分析、情景分析、德尔菲法等方法）和机器的定量分析（如知识图谱、技术预见、文献计量、交叉影响分析、趋势外推等方法）深度融合的人机混合智能预见方法，开展未来产业的统计分析、战略预见等，为未来产业重点方向布局提供决策支撑。

当今世界的一个重要趋势就是产业边界、科技边界、要素边界、时空边界、生态边界日益模糊和消失，这就需要我们坚持体系工程的思想，在各类技术、各类产业、各创新主体等融合互促中激发未来产业的涌现。运用系统思维，努力推动新型举国体制组织实施，强化党的领导、政府有为、市场有效和人民参与。积极探究有为政府、有效市场深度协同的未来产业"科学预见—探索科技前沿—创新赋能—投资孵化—产业落地—收益回报"良性循环建设路径，特别在以国家战略需求为导向下运用统筹机制和竞争机制凝聚创新资源，以体系观统筹发挥各创新主体的主观能动性，形成支持未来产业协同有效、动态演化的创新网络。进一步落实教育科技人才一体化发展要求，着力培育具有未来意识的拔尖创新人才。进一步形成创新友好的金融体系，加快推进未来科技、未来产业和现代金融的紧密结合。以系统思维做好创新链、产业链、资金链、人才链"四链"融合，推进未来产业发展。

从数据和人才看新质生产力的实现路径

◎李 锋

(中国国际经济交流中心创新发展研究部部长、研究员)

以人工智能、云计算、区块链等新技术以及人才和数据等要素为支撑的新质生产力,能够带来不同于以往的新质发展,应积极探索实现路径,通过扩大新技术、新模式、新产业的创造性效应,缩小传统生产范式被替代的破坏性效应,增强经济发展新动能,助力中国式现代化。

一、强化数字技术赋能作用 培育新质生产力的核心引擎

数字技术已成为新一轮科技革命的主导技术,推动生产力跃迁,成为新质生产力重要组成部分。数字技术是典型的通用技术,无论是生物制造、商业航天、低空经济等战略性新兴产业,还是量子、生命科学等未来产业,都直接或间接地包含数字技术,发展数字技术就是

增强新质生产力的核心动力。随着新一轮科技革命和产业变革的深入发展，以人工智能、云计算、区块链等为代表的数字技术迅猛发展，不仅以新理念、新业态、新模式全面融入各行各业，还以全方位、全链条、全周期的方式赋能各行各业高质量发展。

培育具有全球竞争力的数字技术创新生态，加快解决数字技术关键核心领域被"卡脖子"问题。对于关乎国家发展和安全的关键核心数字技术，应发挥新型举国体制优势，整合相关科技力量和创新资源，形成关键核心技术攻关的强大合力，加快缩小与国外的技术差距。对于影响国家未来竞争优势的关键核心数字技术，要鼓励企业和高校院所加大基础研究力度，增强原始创新能力，培育引领战略性新兴产业和未来产业发展的颠覆性技术。大力推动数字技术引发"技术奇点"，不断催生出新技术、新业态、新模式，摆脱要素驱动的数量型增长模式，加速实现质量变革、效率变革、动力变革的高质量发展。加快各种数字技术创新成果的转化和扩散，利用数字技术的溢出效应和网络协同效应，打造具有国际竞争力的数字产业集群，培育壮大数字经济核心产业。加快促进数字技术与实体经济的深度融合，推动制造业生产方式、组织方式的数字化转型和智能化升级，提升市场资源配置效率，形成产业发展的新优势。推动数字技术与传统产业深度融合，加快发展依托工业互联网的智能制造技术，促进传统产业的数字化转型和智能化升级。

二、充分发挥数据要素作用 增强新质生产力的内生动力

数据作为新型生产要素，是数字化、网络化、智能化的基础，已快速融入生产、分配、流通、消费和社会服务管理等各环节，深刻改变着生产方式、生活方式和社会治理方式，已经成为新质生产力的重要元素。要充分发挥我国海量数据规模和丰富应用场景优势，激活数据要素潜能，更好发挥数据要素作用，增强新质生产力的内生动力。当前，数据要素的价值越来越多地体现在降低生产成本、提高生产效率、改善生活水平等方面，数据要素的充分运用有利于推动相关应用向数字化、智能化方向发展，最大限度激发数据要素潜力，推动数字经济做优做强。

顺应经济社会数字化转型发展趋势，推动数据要素供给调整优化。提高数据要素供给数量和质量，通过数据赋能加快实现生产工艺革新、生产效率提升、生产协同优化，以数据要素为动力推动数字经济与实体经济深度融合。加强数据要素应用场景指引，促进产业全要素的互联互通，打破产业限制、地域限制，打通产业链的堵点卡点，促进生产、分配、流通、消费各环节有机衔接，联通国内市场和国际市场，提升产业链、供应链的韧性和安全水平，促进数字经济高质量发展。构建国家数据管理体制机制，健全各级数据统筹管理机构。建立数据产权制度，建立数据要素按价值贡献参与分配机制，建设公共卫生、科技、教育等重要领域国家数据资源库，加快释放数据价值和使用价

值的巨大潜能，加快形成新质生产力。充分认识和把握数据产权、流通、交易、使用、分配、治理、安全等基本规律，探索有利于数据安全保护、有效利用、合规流通的产权制度和市场体系，完善数据要素市场体制机制，加快制定数据资产、数据交易、数据标注等数据要素市场基础制度配套政策，构建与新质生产力相适应的新型生产关系。

三、建设现代化产业体系 打造新质生产力的支撑载体

产业发展是生产力发展的基础，现代化产业体系是新质生产力形成和提升的支撑载体。没有强大的产业支撑，新质生产力不仅自身无法持续发展，也无法推动经济发展。我国具备形成新质生产力的产业优势，已经建立起行业齐全、配套完善的产业体系，制造业规模连续十几年位居世界首位，为形成新质生产力提供了有力的产业支撑。

战略性新兴产业和未来产业都是由新质生产力催生带动的，也是形成和发展新质生产力的主阵地。战略性新兴产业侧重的是对经济社会全局和长远发展具有重大引领带动作用的产业，未来产业是目前处于发展孕育期但对未来经济社会发展具有巨大推动作用的产业。

新质生产力所形成的科技创新尤其是前沿颠覆性技术必须与战略性新兴产业、未来产业有机结合，才能创造出更多支撑经济发展的新模式、新业态。因此，要加快推进5G网络、大数据中心、计算中心、工业互联网、新能源汽车充电桩等新型基础设施建设，夯实新质生产力发展的产业基础。要推动人工智能、互联网、云计算等新技术与高素质劳动力、现代金融、数据等要素紧密结合，推动战略性新兴产业

和未来产业快速发展，进而促进新质生产力发展。

围绕产业链部署创新链，结合产业链的重点需求，优化科技创新生态。支持科技园区围绕重点产业链，培育领军企业和建设国家实验室，形成国家创新体系的核心和龙头，积极承接国家关键核心技术攻关任务，加快战略性新兴产业和培育未来产业发展。支持制造业创新中心、科技型骨干企业、新型研发机构等创新主体围绕产业转型升级和技术进步，加大产业关键共性技术研发，促进上下游产业链协同、大中小企业融通发展，成为未来技术创新策源地、创新成果转化试验地、未来场景应用引领地、未来产业发展集聚地。培育和聚集世界一流的企业，加快推动"独角兽"企业、专精特新企业、隐形冠军企业发展，打造具有国际竞争力的产业集群发展。打造国际一流的创新生态系统，加速集聚全球资本、技术和服务资源，以服务创新主体为中心，加速创新研发和市场化进程。加速集聚国际人才，探索建设高水平人才高地，搭建全球创新合作网络，加强基础研究和战略高技术领域合作，加强技术转移、成果转化、创新资源共享等方面合作，推动新质生产力与现代化产业体系形成良性互动。

四、推动产学研用深度融合　形成新质生产力的强大合力

推动产学研用深度融合是发展新质生产力内在要求。发展新质生产力要面向经济主战场，注重问题导向，解决现实问题，特别是注重产业基础高级化的需要和产业链现代化的需求，破解产业链的重大技

术难题。发展新质生产力要突出科技引领作用，注重效果导向，支撑长远发展，特别是注重发掘科学新发现、技术新发明等高质量科技供给的产业场景应用，前瞻性布局产业链，开辟新的产业发展方向和重点领域。

推动产学研用深度融合有利于实现科学导向与产业导向的有机结合。创新链应从基础研究开始，致力于产生处于国际前沿的原创性核心技术，这就要求科研院所和研究型大学发挥主导作用，解决创新的科学导向问题。产业链应从应用研究和试验发展开始，致力于产生具有国际竞争力和市场价值的应用技术，这就要求企业发挥主导作用，解决创新的产业化导向问题。

推动产学研用深度融合是应对全球技术创新大趋势的客观要求。当今世界正经历百年未有之大变局，全球科技创新进入空前密集活跃期，新一轮科技革命和产业变革深度演进、相互交织，全球技术创新愈发呈现出多点迸发、相互渗透、交叉融合的新特征，跨领域集成化的协同创新模式逐渐取代了传统的单一领域、单打独斗的模式，打造横向覆盖多学科多领域、纵向贯穿产业链上下游的网络化协同创新机制日益成为各国创新战略的关键。为抢占新的科技制高点，许多国家出台了促进产学研用深度融合的新举措。美国于2020年首次提出建设未来产业研究院，并于2021年对未来产业研究院的建设方案进行了具体细化，坚持多部门参与、公私共建、多元投资、市场化运营，探索独特的组织模式和管理机制，促进从基础研究、应用研究到技术产业化的创新链全流程整合，推进交叉领域创新，促进创新效率提高，成为美国在人工智能、量子科技、先进制造、生物技术和先进通信网络五大未来产业全球研发体系中的核心主体。

强化企业在推动产学研用深度融合中的引领作用。企业是创新的主体，一流大学和科研院所是基础研究的主力军和重大科技突破的策源地，要进一步发挥科技领军企业"出题人""答题人""阅卷人"的作用，完善"企业出题、政府立题、人才破题"的协同机制，有效整合高校、科研院所相关资源，继续加大对基础研究和应用基础研究的投入，合力攻关关键核心技术和前沿底层技术。要明确企业、高校、科研院所和用户等创新主体在创新链不同环节的功能定位，加快构建龙头企业牵头、高校院所支撑、各创新主体相互协同的创新联合体，探索由企业主导的产学研用深度融合新范式，着力打造具有中国特色的产学研用协同创新生态，提升创新体系效能，推动新质生产力发展。

为加快形成新质生产力提供制度支撑建设高标准市场体系

◎宋葛龙

（中国宏观经济研究院副院长）

新质生产力涉及领域新、技术含量高，是科技创新在其中起主导作用的生产力。

科技创新与市场体系紧密相关、相互促进。一方面，高标准市场体系能够形成高质量的产品服务供给、高水平的生产技术投入、高效率的供需对接。建设高标准市场体系，有利于创新资源优化配置，激励各方投入创新、推进创新。另一方面，科技创新为建设高标准市场体系提供技术基础，能够孕育出颠覆性的创新产品，推动企业之间、消费者之间以及企业和消费者之间形成新型互动。这将催生新的数据分析和处理方法，推动市场营销战略、策略、模式、工具等方面的创新，更好实现产需精准对接。为此，要加快建设高标准市场体系，畅通市场循环，疏通政策堵点，打通流通大动脉，充分发挥我国市场的规模效应与集聚效应，促进创新要素有序流动和合理配置，为支撑战略性新兴产业和未来产业发展、加快形成新质生产力提供体制机制保障。

夯实市场体系基础制度。这是市场体系有效运行的基础。要全面完善产权保护制度，依法、平等、全面保护各类所有制企业产权，激发各类生产经营主体活力、促进创新创造。全面落实"全国一张清单"管理模式，形成全国统一市场，发挥超大规模市场优势。公平竞争是市场运行有效的基本条件，要全面完善公平竞争制度，持续清理废除妨碍统一市场和公平竞争的各种规定和做法，增强公平竞争审查的刚性约束，促进生产经营主体充分竞争、优胜劣汰，实现资源优化配置。

推进要素资源高效配置。要素市场是市场体系的重要组成部分，要素高效配置是建设高标准市场体系的题中应有之义。推进要素资源高效配置，要建立促进生产要素自主有序流动的机制，推动各类生产要素向优质高效领域流动。要推动经营性土地要素市场化配置，推动劳动力要素有序流动，促进资本市场健康发展，发展知识、技术和数据要素市场等，引导各类生产要素向先进生产力集聚。

强化市场基础设施建设。高效的流通体系能够在更大范围把生产和消费联结起来，扩大交易范围，推动分工深化，提高生产效率。为此，要强化市场基础设施建设，围绕提高效率、降低成本推进基础设施互联互通，支持多式联运、智慧物流、电子商务等新业态新模式应用和发展，强化支付结算等金融基础设施建设，引导平台企业健康发展，以设施完备、高效联通支撑商品和要素自由有序流动。

加快改善市场环境和质量。要破除区域分割和地方保护，进一步规范不当市场竞争和市场干预行为，完善和落实助企帮扶措施，设身处地为企业出实招、解难题，使各类生产经营主体获得感更强。提升产品和服务质量，推动商品市场创新发展，强化消费者权益保护，简化消费争议处理程序。

实施高水平市场开放。我国经济已深度融入世界经济体系，充分利用国内国际两个市场两种资源，必然要求高水平市场开放。要通过强化市场基础规则统一，推动形成供需互促、产销并进的良性循环。同时要坚定不移扩大对外开放，稳步扩大规则、规制、管理、标准等制度型开放，重视运用国际通行规则维护国家安全和国家利益，为我国更好参与国际合作和竞争提供支撑。

完善现代化市场监管机制。正确处理政府和市场的关系，创新和完善宏观调控，促进市场健康发展；提高市场规制能力，有效维护市场秩序和消费安全。推进综合协同监管，完善"双随机、一公开"监管、信用监管、"互联网＋监管"、跨部门协同监管等方式，加强各类监管的衔接配合，充分利用大数据等技术手段加快推进智慧监管。

新质生产力以全要素生产率提升为核心

◎杨德龙

（前海开源基金董事总经理、首席经济学家，
中国证券业协会首席经济学家委员会委员）

中央经济工作会议后，中央财办有关负责同志接受采访时，对"新质生产力"的内涵给出了进一步的阐述："新质生产力是由技术革命性突破、生产要素创新性配置、产业深度转型升级而催生的当代先进生产力，它以劳动者、劳动资料、劳动对象及其优化组合的质变为基本内涵，以全要素生产率提升为核心标志。"

可以从以下五个方面理解新质生产力。

一是新质生产力所包含的要素与传统的生产力理论相同，即劳动者、劳动资料、劳动对象三大要素（后两者组成生产资料），但三大要素的具体内涵有所改变。首先，对于劳动者的要求更高，要求劳动者能够创造新质生产力或掌握和应用新质生产力，这离不开劳动者素质的提高。目前我国接受高等教育的人口已达到2.4亿，新增劳动力平均受教育年限达13.8年，劳动力素质结构发生了重大变化，

全民族素质稳步提高。其次，新质生产力概念的提出也离不开新生产资料的发展。数据正在成为新的生产资料，并深刻改变现有生产关系。2023年8月21日，财政部发布《关于印发〈企业数据资源相关会计处理暂行规定〉的通知》，将财政部在2022年12月1日起草的征求意见稿转为正式稿，自2024年1月1日起施行，这意味着数据将正式变为经济资产。

二是从量变到质变，以新质生产力为代表的"三新"经济已接近我国经济总量的五分之一。按照国家统计局公布的GDP不变价定基指数，1978—2022年我国经济总量增长了近44倍，年均增速高达8.8%。过去40多年我国经济结构也发生了巨大变化，从一个农业国发展为工业大国，2022年我国制造业占全球份额约30.5%，与美国和欧元区的总和相当。我国还是全世界唯一拥有联合国产业分类当中全部工业门类的国家，在世界500多种主要工业产品当中，有220多种工业产品我国的产量居全球第一。量变引起质变，新兴经济在我国GDP中的占比正在逐步提升。国家统计局将以新产业、新业态、新商业模式为核心内容的经济活动归类为"三新"经济，包括9个行业大类、63个中类、353个小类。2022年，我国"三新"经济增加值为21万亿元，比上年增长6.5%（未扣除价格因素，下同），比同期国内生产总值（GDP）现价增速高1.2个百分点；相当于占GDP的比重为17.36%，比上年提高0.11个百分点。新质生产力在对外部门也有所体现。根据海关统计，2023年前三季度，我国外贸"新三样"产品（锂电池、电动载人汽车、太阳能电池）合计出口7989.9亿元，同比增长41.7%，占我国出口比重同比提升1.3个百分点，达到4.5%。拉长时间来看，"新三样"产品出口值已连续14个季度保持两位数增长，国际市场份额遥遥领先。

三是新质生产力以全要素生产率提升为核心标志。全要素生产率是和单要素生产率相对而言的，顾名思义，单要素生产率指产出与单一要素投入之比，全要素生产率指产出与综合要素投入之比。按照中国人民银行在2021年发表的一篇工作论文的数据，1978—2020年全要素生产率对我国经济增长的贡献达到36.6%，低于资本要素的贡献44.1%，但高于劳动要素贡献。从趋势来看，全要素生产率在2002—2007年对经济增长的拉动作用最大，贡献率达到45.1%；此后逐步下降，2008—2012年为33.1%，2013—2020年为25%。提高全要素生产率可以从两个角度出发，一是通过技术进步实现生产效率的提高，二是通过生产要素的重新组合实现资源配置效率的提高，前者依赖于科技创新，后者依赖于制度改革带来的红利释放。具体而言，既需要支持科技创新的发展，如2023年中央经济工作会议指出"加强应用基础研究和前沿研究，强化企业科技创新主体地位。鼓励发展创业投资、股权投资"；又需要深化改革开放，如加快建设全国统一大市场、健全要素参与收入分配机制、扩大高水平对外开放等。

四是要处理好供给与需求的关系。新质生产力是从供给侧出发的概念，在2023年中央经济工作会议中，提出这一概念的背景是要求建立现代化产业体系："要大力推进新型工业化，发展数字经济，加快推动人工智能发展。打造生物制造、商业航天、低空经济等若干战略性新兴产业，开辟量子、生命科学等未来产业新赛道，广泛应用数智技术、绿色技术，加快传统产业转型升级。"但需求侧管理也不容忽视，要注意处理好供给与需求的关系。中央财办解读经济工作会议时指出："部分新兴行业存在重复布局和内卷式竞争，一些行业产能过剩。"按照国家统计局公布的产能利用率来看，新兴行业的供需失衡和产能过剩值得警惕。2023年三季度末，计算机和电子设备制造业产能利用率为76.5%，电气机械和器材制造业为77.8%，医药制造业为72.7%，汽车制造业为75.6%，这四个行业产能利用率分别比2017—2019年均值要低3.4、1.2、5.0、4.2个点。产能利用率＝实际产出/生产能力，当产能利用率大幅低于历史均值，往往意味着相关行业存在大量闲置产能。因此站在当下，在发展新质生产力时要注意处理好供给和需求的关系，防止出现供需失衡和产能过剩。

五是发展新质生产力的方法论，遵循"先立后破"原则。针对2024年经济工作总基调，中央经济工作会议强调"要坚持稳中求进、以进促稳、先立后破"。"先立后破"也适用于具体的经济工作领域，特别是在破旧立新、发展新质生产力方面。"先立后破"，"立"就是要加快培育新增长点、推动新动能见实效；"破"就是要将目光放长，做好新旧模式之间的衔接和切换，以结构性改革解决长期问题。对于发展新质生产力而言，不可操之过急，在新质生产力充分发展起来之前，对旧的生产力和生产关系也不能采取"一刀切""硬着陆"的方式。比如在能源转型方面，新能源是新质生产力的体现，但传统能源逐步退出要建立在新能源安全可靠的替代基础上，如果期望于毕其功于一役，就可能会引起能源安全等风险问题。

加快形成和发展新质生产力的路径和举措

◎ 王 羽

（中国生产力促进中心协会副理事长兼秘书长、研究员）

中国式现代化作为现代化进程的一条新道路，是破解发展难题、增强发展动力、厚植发展优势的现实举措。在中国式现代化的前进道路和时代坐标下，高质量发展至关重要。然而，中国式现代化和高质量发展不是空中楼阁，必须建立在坚实的物质技术基础之上，这个物质技术基础主要体现为新质生产力。当前，新一轮科技革命和产业变革与我国加快转变经济发展方式形成历史性交汇，面向前沿领域及早布局，提前谋划变革性技术，夯实未来发展的技术基础，形成并发展新质生产力，是抢占发展制高点、培育竞争新优势、蓄积发展新动能的先手棋。因此，加快形成新质生产力，才能稳健有力地向自主创新、科技自强的中国式现代化目标迈进。

站在时代的关键时期，完整、准确、全面贯彻新发展理念，不断实现高水平科技自立自强，以科技创新驱动产业创新，是中国式现代化全面推进强国建设、民族复兴伟业的关键任务，是形成和发展新质生产力的重要举措。

一、全面贯彻新发展理念，以创新驱动系统性带动新质生产力发展

传统发展方式的不可持续决定了我国必须转换发展理念和发展方式，以实现经济社会协调、可持续和绿色低碳发展。发展新质生产力，其目的是实现经济社会的高质量发展，而要实现经济社会的高质量发展，就必须践行创新、协调、绿色、开放、共享的新发展理念。创新是引领发展的第一动力，抓创新就是抓发展，谋创新就是谋未来，只有把创新发展置于新发展理念的基础与核心之上，以创新为核心、为动力、为先导，才能真正实现协调、绿色、开放、共享发展，才能实现新旧动能转换，逐步缩小城乡差距，更好地实现区域均衡发展，才能实现系统性的、整体性的、贯穿于全局的创新发展，才能更好地形成并发展新质生产力，更好地为构建新发展格局、推动高质量发展、实现中国式现代化服务。

二、实现高水平科技自立自强，为发展新质生产力提供强大支撑

高水平科技自立自强是加快构建新发展格局的本质要求。纵观人类发展史，科技创新始终是一个国家、一个民族发展的不竭动力和生产力提升的关键因素。着力发展高质量经济，加快构建以国内大循环

为主体、国内国际双循环相互促进的新发展格局，迫切需要创新做好"动力引擎"、当好"开路先锋"，注入强大动力。新时代新征程，贯彻新发展理念、构建新发展格局、推动高质量发展，比过去任何时候都更需要科学技术解决方案，都更需要增强创新这个第一动力。只有以创新力量勇攀科技高峰，不断实现高水平科技自立自强，才能以强大科技作支撑，以质量变革、效率变革、动力变革推动现代化经济体系建设，为构建新发展格局、形成新质生产力、推动高质量发展提供关键着力点、主要支撑体系和新的成长空间，实现创新驱动型增长，将践行新发展理念的高质量发展目标扎实落地。

三、坚持以科技创新为引领，为发展新质生产力培育新动能

科技创新能够催生新产业、新模式、新动能，是发展新质生产力的核心要素。必须加强科技创新特别是原创性、颠覆性科技创新，加快实现高水平科技自立自强，打好关键核心技术攻坚战，使原创性、颠覆性科技创新成果竞相涌现，培育发展新质生产力的新动能。发挥科技创新引领作用，开辟高质量发展新领域新赛道、塑造新动能新优势，为加快发展新质生产力提供持久动力。加强科技创新资源统筹，在创新主体、创新资源、创新环境等方面持续加大统筹力度，加强科技资金、人才队伍、科研基础设施的统筹，提升国家创新体系整体效能。强化国家战略科技力量，增强高质量发展的源动力，开展重点领域关键核心技术攻关，发挥新型举国体制优势，加快突破一批核心技

术，打造标志性重大战略产品。强化企业科技创新主体地位，促进各类创新要素向企业集聚，支持企业提升创新能力，全面激发企业创新活力。鼓励企业家与科学家深度合作，加快科技成果工程化、产业化、市场化和社会化。建设高质量标准体系，强化产业标准系统化、国际化布局，以标准化引领产业创新发展。加强重点产业专利布局，提升工业领域知识产权创造、运用、保护和管理能力。

四、高质量推动科技成果转化，为发展新质生产力提供持续供给

高质量推动科技成果转化，打造科技、产业、金融等紧密结合的创新体系，构建以企业为主体、市场为导向、产学研用深度融合的技术创新体系，推进科技与经济深度融合，高质量促进科技成果转化，从而为加快形成新质生产力提供持续供给。主要做好三个方面的工作：一是做好"0—1"的原始创新，该阶段的成果是高层次专业人才在科研院所、高等院校的实验室、工程中心以及高科技企业集团的研发中心研究出来的，需要国家科研经费、社会科研经费、企业科研经费以及科研基金的投入。二是做好"1—100"的科技成果转化，该阶段的主要工作是将基础原理转化为生产技术专利的创新，包括小试、中试，也包括科技成果转化为产品开发，形成功能性样机，确立生产工艺等。三是做好"100—100万"的产业化，该阶段是将科技成果通过标准化和大规模生产，实现产业化、市场化、社会化的过程。

五、构建现代化产业体系，为发展新质生产力提供产业基础

产业是生产力的载体，科技成果只有产业化才能成为社会生产力。要以科技创新驱动产业创新，及时将科技创新成果应用到具体产业和产业链上，改造提升传统产业，培育壮大新兴产业，布局建设未来产业，完善现代化产业体系。加快改造提升传统产业，大力推进企业设备更新和技术改造，推动钢铁等重点行业加快兼并重组，提高产业集中度，提升传统产业在全球分工中的地位和竞争力。巩固优势产业领先地位，增强新能源汽车、光伏、移动通信、电力装备等领域全产业链优势，打造更多中国名片。充分发挥新型举国体制优势，在关键核心技术创新上持续加力发力，开辟更多新领域新赛道，培育壮大新兴产业，聚焦新一代信息技术、新能源、新材料等重点领域，加强技术攻关和成果转化，构建一批新的增长引擎。布局建设未来产业，丰富完善应用场景，培育产业生态，抢占未来竞争制高点。大力发展生产性服务业，推进先进制造业与现代服务业深度融合。围绕发展新质生产力布局产业链，提升产业链供应链韧性和安全水平，保证产业体系自主可控、安全可靠。围绕推进新型工业化和加快建设制造强国、质量强国、网络强国、数字中国和农业强国等战略任务，科学布局科技创新、产业创新。大力发展数字经济，促进数字经济和实体经济深度融合，打造具有国际竞争力的数字产业集群。

六、推动"四链"深化融合，为发展新质生产力提供安全保障

推动创新链产业链资金链人才链"四链"融合、三次产业跨界融合、数字经济与实体经济加速融合。实施产业基础再造工程，聚焦事关发展和安全的战略需求，找准"卡脖子""掉链子"薄弱环节，着力补短板、锻长板，提升产业体系自主可控能力，保障极端情况下国民经济循环畅通。围绕重点产业链深入推进"强链补链稳链"，发挥"链主"企业带动作用，强化产业链上下游、大中小企业协同攻关，促进全产业链发展。调整优化产业链布局，加快建设一批世界级先进制造业集群，进一步提升战略性矿产资源供应保障能力，加强产业链关键环节产能储备和备份。完善产业安全发展环境，开展重点领域产业竞争力调查和产业安全评估，建立健全产业救济机制和政策体系。

七、推动"四化"深度发展，为发展新质生产力构建绿色底色

加快发展方式创新，以满足人民日益增长的美好生活需要为立足点，瞄准产业升级和消费升级方向，加强质量品牌建设，推进高端化、数字化、智能化、绿色化"四化"深度发展，增强高端产品和服务供给能力，不断提升供给体系对国内需求的适配性。深入实施智能制造工程，推动人工智能、互联网、大数据等新一代信息技术与制造

业深度融合，推进工业数字化转型，加快高阶信息通信、数据中心、计算中心等新型信息基础设施建设和应用，深化工业互联网创新应用，推进智能网联汽车、高端机器人等智能化产品的研发和制造；绿色发展是高质量发展的底色，新质生产力本身就是绿色生产力。必须加快发展方式绿色转型，牢固树立和践行绿水青山就是金山银山的理念，坚定不移走生态优先、绿色发展之路。加快绿色科技创新和先进绿色技术推广应用，做强绿色制造业，发展绿色服务业，壮大绿色能源产业，发展绿色低碳产业和供应链，构建绿色低碳循环经济体系。持续优化支持绿色低碳发展的经济政策工具箱，发挥绿色金融的牵引作用，打造高效生态绿色产业集群。同时，在全社会大力倡导绿色健康生活方式。

八、提升企业的综合竞争力，为发展新质生产力贡献企业力量

生产力跃迁主要力量在企业。通过创新创业和企业孵化、成果转化和技术转移、产学研协同创新、产业结构调整和转型升级、生态构建和文化重塑等方式推动企业由低阶向高阶迈进，既可以直接支撑生产力的跃迁，加快形成新质生产力，还可以引领地区的经济社会发展。要充分发挥大企业主力军和中小企业生力军作用，加强优质企业梯度培育，激发推进新型工业化的微观主体活力和动力。深化国有企业改革，完善中国特色现代企业制度，弘扬企业家精神，提升国有企业核心竞争力，促进民营经济发展壮大，加快建设世界一流企业。支

持龙头企业做强做大，加快培育具有国际竞争力的大企业和具有产业链控制力的生态主导型企业。坚持管理和服务并重，坚持发展和帮扶并举，加快完善中小企业工作体系、政策法规体系、优质高效服务体系，培育更多专精特新中小企业，促进中小企业高质量发展。发挥大企业在技术、标准、资金、人才等方面的优势和中小企业在产业创新、强链稳链中的支撑作用，支持中小企业深度融入大企业供应链，构建大中小企业融通发展的良好生态。

九、全面深化体制机制改革，建立与生产力发展要求相适应的生产关系

生产关系必须与生产力发展要求相适应。发展新质生产力，必须进一步全面深化改革，形成与之相适应的新型生产关系。要深化经济体制、科技体制等改革，着力打通束缚新质生产力发展的堵点卡点，建立高标准市场体系，创新生产要素配置方式，让各类先进优质生产要素向发展新质生产力顺畅流动。坚持有效市场和有为政府更好结合，突出管战略、管规划、管政策、管标准，加强行业指导，加强企业服务，健全产业治理体系。优化产业政策实施方式，维护产业链供应链安全，增强产业竞争力。持续深化改革，完善政策法规和标准体系，营造市场化、法治化、国际化一流营商环境，促进产业发展与科技创新、现代金融、人力资源高效协同，扩大高水平对外开放，为发展新质生产力营造良好国际环境。充分发挥我国社会主义市场经济制度优势、全球最完整产业体系供给优势和超大规模市场需求优势，通

过改革开放着力打通束缚新质生产力发展的堵点卡点，让各类先进优质生产要素向发展新质生产力顺畅流动和高效配置，不断加快形成新质生产力，实现平衡性、包容性、可持续性的创新发展，进而实现经济社会的高质量发展。

十、全方位提高劳动者素质，为加快形成新质生产力提供人才保障

科学技术依靠高素质的人才去掌握和发展，只有科学技术从知识形态转化为生产工具，劳动资料才能成为现实的物质生产力，这一转化过程就要通过提高劳动者素质来实现。不同时代对劳动者的要求各不一样。按照发展新质生产力要求，推动教育、科技、人才有效贯通、融合发展，畅通教育、科技、人才的良性循环，打造与新质生产力发展相匹配的新型劳动者队伍，完善人才培养、引进、使用、合理流动的工作机制，激发劳动者的创造力和能动性，十分必要。打造新型劳动者队伍，主要包括两个方面：一是培养能够驱动科技创新、创造新质生产力的科技型人才。根据科技发展新趋势，优化高等学校学科设置、人才培养模式，坚持教育优先发展，着力造就拔尖创新人才，培养造就更多战略科学家、一流科技领军人才以及具有国际竞争力的青年科技人才后备军。二是培养能够与时俱进、熟练掌握新质生产资料的应用型人才。针对新质生产力对应的新产业、新业态，培养一批能够熟练应用新质生产资料的应用型人才。

第三篇
实践探索

新质生产力：
中国式现代化省域先行的强劲支撑

◎ 盛世豪

（浙江省社会科学界联合会主席、浙江省政府咨询委学术委员会副主任）

生产力的跃迁是人类社会进步的重要标志。现代化过程就是建立在科技革命、生产力跃迁、制度创新、社会结构演化等多维动态累积基础上的社会深刻变化。党的二十大明确提出，当前我国的中心任务是全面建成社会主义现代化强国，高质量发展是全面建设社会主义现代化国家的首要任务。中国式现代化和高质量发展必须建立在坚实的物质技术基础之上，这个坚实的物质技术基础必然由新质生产力提供支撑。新质生产力不是传统生产力的局部优化与简单迭代，而是与新一轮科技革命和产业变革紧密相关的社会生产力体系，就是创新起主导作用，摆脱传统经济增长方式、生产力发展路径，具有高科技、高效能、高质量特征，符合新发展理念的先进生产力质态。它由技术革命性突破、生产要素创新性配置、产业深度转型升级而催生，以劳动者、劳动资料、劳动对象及其优化组合的跃升为基本内涵，以全要素生产率大幅提升为核心标志，特点是创新，关键在质优，本质是先进生产力。新质生产力的提出，深化了当代生产力发展规律的认识，进一步丰富了习近平经济思想内涵，为开辟发展新领域新赛道、塑造发展新动能新优势提供了科学指引。培育和发展新质生产力是推动高质量发展和实现中国式现代化的内在要求和重要着力点。

新质生产力概念是习近平总书记2023年9月在地方考察时首次提出的。但对"什么是新质生产力""为什么要发展新质生产力""怎样发展新质生产力"等一系列涉及当代生产力发展的深层次规律，习近平同志当年在地方工作时就开始深入思考和探索实践。早在20多年前，时任浙江省委书记习近平同志在部署推进"八八战略"时，就针对浙江发展中面临的"成长的烦恼"和"制约的疼痛"，明确提出要推进科技进步、提高自主创新能力、提升产业层次、实现"凤凰涅槃"，强调"要结合各地的产业基础和环境功能，优化生产力布局"，并作出相关决策，亲自部署推进。这些都为新质生产力理论的形成提供了重要基础。此后，历届浙江省委持续推动"八八战略"走深走实，坚持从实际出发，先立后破、因地制宜、扬优势、补短板、创特色、再突破，不仅为推动省域高质量发展、推进中国式现代化省域先行注入了强劲动力，也为形成和发展新质生产力提供了浙江样本。

一、以科技创新塑造发展新优势

科技创新是新质生产力的本质特点。习近平总书记明确指出："在激烈的国际竞争中，我们要开辟发展新领域新赛道、塑造发展新动能新优势，从根本上说，还是要依靠科技创新。"科技创新能够催生新产业、新模式、新动能，是发展新质生产力的关键。纵观工业化以来的经济发展实践，科学技术从"生产力"到"第一生产力"，再到"新质生产力"，这既体现了科技对生产力的作用不断提升，也反映了人们对生产力发展规律认识的不断深化。当今时代是全球创新密集的时代，国家间的博弈、企业间的竞争，归根到底就是科技创新竞争。哪个国家能够率先在关键性颠覆性技术方面取得突破，形成新质生产力，哪个国家就能够赢得新一轮发展的战略主动权，塑造未来发展新优势。科技创新已经成为生产力最重要的决定性因素。

科技创新对于新质生产力的意义，主要体现在：一是提升生产力诸要素的知识含量。社会生产力包括劳动者、劳动资料和劳动对象三个基本要素，而这些要素的知识含量则决定了生产力的先进程度。创新通过把科技知识内化为劳动者素质、物化于生产资料、不断拓展劳动对象而融入具体的生产过程，成为提升生产力水平的核心因素。相对于传统生产力更重视资源、能量的"量"的投入和消耗，新质生产力主要依靠科技创新发挥主导作用，融科技知识于生产力各要素之中，实现科技创新与产业创新的深度融合，促进生产力质的跃迁。二是推动实现原创性、颠覆性科技创新。原创性、颠覆性创新是科技革命的基本标志。蒸汽机、电力，以及计算机、互联网，等等，每一项颠覆性科技创新都引领着相应时代的科技发展，且随着相关科技成果在社会经济各个领域的广泛应用，推动形成了新生产力，进而为经济发展提供了新的动能。当前，以新一代信息网络技术为核心的科技革命，以及人工智能、量子技术、新材料、新能源等领域科技创新此起彼伏，预示着大量原始性创新、颠覆性创新的到来，为新质生产力的形成发展提供了重要基础。三是推动形成新产业。区分经济发展阶段，不在于生产什么，而在于使用什么生产工具。新生产工具构成新产业的主体，成为新质生产力的重要载体。近年来，我国在载人航天、量子信息、核电技术、大飞机制造等领域取得的一系列重大成果，带动了一批新兴产业的快速崛起，为发展新质生产力夯实了基础。发展新质生产力，需要顺应科技发展趋势，"整合科技创新资源，引领发展战略性新兴产业和未来产业，加快形成新质生产力"。总之，科技创新通过深刻影响并重塑生产力基本要素，推动创新链产业链资金链人才链深度融合，加快科技创新成果向现实生产力转化，催生新质生产力的形成和发展。

浙江自然资源禀赋稀缺，加上由于历史原因，产业基础薄弱、创新能力低，生产力水平相对落后。进入新世纪以后，随着发展环境、发展阶段和发展条件的变化，经济增长面临日益明显的资源要素缺乏、生态环境压力和内外市场约束等制约。2006年3月，时任浙江省委书记习近平在全省自主创新大会上指出，加强科技进步和自主创新，是转变增长方式，破解资源环境约束，推动经济社会又快又好发展的根本之计。加强科技进步和自主创新，是顺应经济全球化趋势，加快提高国际竞争力的关键所在。在同年的全国科学技术大会小组会议上，习近平进一步指出，"让自主创新成为解决资源要素环境制约的根本途径，成为促进产业升级、提高企业和产品竞争力的重要支撑，成为推进科技进步、建设科技强省的核心内容，成为抓住战略机遇、争取发展主动权的重大战略"。

此后，浙江坚持以"创新型省份"建设为牵引，以科技强省为主线，不断提升科技创新能力，着力培育和发展新质生产力。一是不断完善区域科技创新体系，着力打造科技创新策源地。全力推进杭州城西科创大走廊建设，聚焦"创新策源、招才引智、三大高地、双创生态"，加快集聚高端创新要素，提升城西科创大走廊创新策源能级。加快推进国家自主创新示范区建设。杭州高新区（滨江）着力建设世界一流高科技园区，创新能力、创新活力等指标显著提升。推动国家高新区设区市全覆盖、省级高新区工业强县（市、区）全覆盖。2022年，浙江省67家高新区合计贡献了全省超过40%的工业增加值、工业总产值、出口交货值，超50%的新产品产值、高新技术产业增加值、营业收入、利税以及超60%的研发费用。二是着力提升创新平台能级。平台是科技创新的关键载体，高能级的创新平台不仅是集聚高层次人才的载体，更是区域科技创新能力的标志。习近平同志在浙江工作时十分重视引进大院名校共建创新载体。近年来，杭州城西科创大走廊共集聚1家国家实验室、11家全国重点实验室、5家省实验室，集聚各类人才超50万人、企业10万家，初步形成了由"国家实验室、国家重点实验室、省实验室、省重点实验室"构成的新型实验室体系。大力支持之江实验室建设成为国家实验室的重要支撑。构建由国家技术创新中心、省技术创新中心和省级企业研发机构组成的技术创新中心体系，围绕产业链部署创新链、围绕创新链布局产业链，完成10大省技术创新中心布局；推动清华长三角研究院牵头组建长三角国家技术创新中心浙江中心，积极争创国家智能工厂操作系统技术创新中心；2022年，浙江省国家级和省级重点研发机构数达100家，为实现产业基础高级化和产业链现代化提供有力支撑。三是科技成果加速转化。创新能力的提升带动重大科技成果加速涌现,"深海仿生机器人""达尔文三代类脑计算机"等成果在国家"奋进新时代"主题成就展展出,飞秒激光诱导复杂体系微纳结构形成的新机制获评2022年度中国科学十大进展;"互联网+"、生命健康和新材料三大科创高地呈现出基础研究、应用研究、产业开发齐头并进的良好局面。加快培育打造一批具有高水平创新能力的科技小巨人企业。到2022年,浙江省企业技术创新能力连续7年居全国第3位,高新技术企业3.56万家、科技型中小企业9.87万家,全省高新技术产业增加值占规上工业比重达65.3%,比2005年提升42.2个百分点,规上工业全员劳动生产率为29.6万元/人,是2002年的5.1倍。这些都标志着新质生产力的形成与发展。

2023年9月,习近平总书记视察浙江时明确要求把增强科技创新能力摆到更加突出的位置,融合科技创新力量,集中优势资源,着力打造一批科技创新平台,在一些科技前沿领域加快突破;要发挥市场经济活力足、经营主体多、科技成果应用转化快的优势,推动创新链产业链资金链人才链深度融合,加快科技成果落地转化。这为浙江进一步培育发展新质生产力指明了方向、提供了根本遵循。

二、紧抓人才这一战略资源

人是生产力中最活跃的主体,也是生产力的第一要素。不同的生产力水平在很大程度上体现为劳动者的整体素质、技能的差异。新质生产力的特点是创新。"自主创新，人才为本，人才为先"，科技创新力的根本源泉在于人，创新驱动实质上是人才驱动。因此，对于新质生产力，人才是第一资源。发展新质生产力，所需要的新型劳动者，不同于传统以简单重复劳动为主的普通劳动者，他们具有更高的教育水平、更强的学习能力和创新能力，不仅需要掌握传统的职业技能，更重要的是能适应数字化、智能化的现代工作环境，具备跨界融合的综合能力。具体包括，能够创造新质生产力的战略人才，包括在颠覆性科学认识和技术创造方面作出重大突破的顶尖科技人才，在基础研究和关键核心技术领域作出突出贡献的一流科技领军人才和青年科技人才，他们能够引领世界科技前沿、创新创造新型生产工具；能够熟练掌握新质生产资料的应用型人才，包括以卓越工程师为代表的工程技术人才和以大国工匠为代表的技术工人，他们具备多维知识结构、熟练掌握新型生产工具，使生产力转化为经济效益。

习近平同志高度重视人才的作用，早在浙江工作时，他就提出"人才资源是第一资源""人才是最宝贵、最重要的战略资源"的重要论断，指出：谁拥有一流的人才，谁就拥有一流的发展优势，建设创新型省份，关键是要培养造就大批高素质的具有蓬勃创新精神的科技人才，努力形成人才辈出的局面，让自主创新的源泉充分涌流。针对当时浙江发展实际，习近平同志明确提出，要促进经济结构由自然资源和投资依赖型向充分发挥人力资源优势的模式转变，特别要注重人力资源开发和科技创新，加强技术、人才这些高端要素供给，这是根本之策。为了"坚持聚天下英才而用之"，习近平同志到浙江大学调研十多次，亲自引进清华长三角研究院，推动实施人才强省战略和创新人才体系建设。

20多年来，从"加快建设人才强省"到"高水平建设人才强省"，再到明确把"人才强省、创新强省"作为首位战略，浙江始终把人才强省战略作为推动高质量发展和中国式现代化的重要支撑，通过教育、科技、人才三位一体的协同发展营造开放创新生态，从单纯依靠资金激励吸引人才，到注重提供全谱系全方位全生命周期的人才服务，不断拓展人才视野，不断优化人才生态。一是持续优化人才生态。按照习近平同志提出的"三个坚决"（即坚决冲破一切影响人才发展的陈旧观念，坚决冲破一切束缚人才发展的做法和框框，坚决冲破一切禁锢人才发展的体制障碍），每年开展党政人才工作单项评议考核，细化青年科研人员减负措施，强化青年科研人员激励措施，大力营造有利于人才脱颖而出的创业氛围，使浙江成为人才才华得到充分尊重、人才价值得到充分承认、创业人才容易成功、各类人才不断涌现的热土。二是做大全球人才"蓄水池"。从引进大院名校到构建国家省市实验室体系，从建设孵化器到建设"互联网＋"、生命健康和新材料三大科创高地，从支持企业建立研发中心到建设科创大走廊，组织实施"鲲鹏行动"，集聚一批处于科技变革和产业发展前沿、具有全球影响力的"灵魂人物"。西湖大学自2018年2月获批设立以来，吸引了来自15个国家和地区的包括中国科学院院士、美国科学院外籍院士、欧洲科学院院士等215位顶尖学术人才加盟。三是高标准打造"浙派工匠"。围绕高端装备、信息技术、汽车及零部件、绿色化工等先进制造业产业集群，坚持产教融合、校企合作，实施卓越工程师培养工程，积极探索建立从入门到精通，从学徒到大师的多维度、阶梯式人才培养评价机制。同时，探索建立与职业技能等级序列相匹配的岗位绩效工资制度，吸引更多劳动者加入技能人才队伍。

良好的人才生态，引导各类人才来浙江创新创业，截至2022年底，浙江人才总量达到1481.78万人，每万人口中人才资源数是2898人，科技进步贡献率达68%。2023年，浙江平均每天涌入3400多名大学生，每天诞生18家高新企业，每天引育3位国家级领军人才、青年人才，形成了人才发展、科技创新与经济社会发展深度融合、互促共进的良好局面，人才优势正源源不断地转化为发展优势，成为发展新质生产力的重要基础。

2024年2月18日，浙江省委以"持续推动'八八战略'走深走实，全力打造高素质干部队伍、高水平创新型人才和企业家队伍、高素养劳动者队伍"为题召开"新春第一会"，聚焦"人才"主题，进一步推进"浙江成就人才、人才成就浙江"的良性互动，着力将人才优势转化为创新驱动发展优势，为发展新质生产力提供战略支撑。

三、率先发展数字经济

如果说科技创新体现了新质生产力的"质"，那么数字经济则体现了新质生产力的"新"。数字经济是当代最具代表性的发展领域，它不仅创造了新的生产要素，改变了传统的生产方式，提高了资源配置效率，还创造了全新的产品和服务模式，形成了新的发展动能。当前，数字经济已成为各国经济和科技竞争的新赛道。

作为一种新经济形态，数字经济以数字资源为生产对象，以数字信息网络技术为基本工具,促进数字资源与其他生产要素优化组合,形成了新产业、新业态、新模式,如云计算、人工智能、物联网等等,这些都是当代新质生产力的重要内容。换言之,数字经济既是新质生产力的主要特征,也是新质生产力中的劳动资料和劳动对象。具体体现在:首先,数字经济创造了新的生产力要素。无论是数据还是数字技术,都是新质生产力的基本要素。数字经济时代,数据成为继土地、劳动力、资本之后的第四大生产要素,即新劳动对象,其挖掘、采集、加工甚至交易等就是新质生产力的内容。数据的收集、处理和利用又推动了技术创新、管理创新和商业模式创新,即数据驱动创新,这是发展新质生产力的重要源泉。此外,数据还是支持并推动产业升级的关键要素,通过对大数据的分析和利用,可以推动传统产业转型升级,发展高技术产业,提高产业技术含量和附加值。其次,数字经济具有高效、智能、绿色的特征,这完全符合以高质量发展为追求的新质生产力要求。因此,数字经济不仅促进了生产效率的提高,降低了资源消耗,减少了环境污染,还促进了产业结构的优化升级和经济可持续发展,是发展新质生产力的重要方向。最后,数字经济与传统产业融合,为新质生产力的发展提供了更为广阔的空间。产业数字化是当前产业变革的大趋势。利用数字技术对传统产业进行全方位全链条改造,提高全要素生产率,发挥数字技术对经济发展的放大、叠加、倍增作用,促进产业技术水平提升和劳动生产率提高,其本质就是通过数字化赋能传统产业向新质生产力转变。

浙江是数字经济发展的先行省。早在2003年,时任浙江省委书记习近平同志就提出,数字浙江是全面推进浙江省国民经济和社会信息化、以信息化带动工业化的基础性工程,并全面阐述了"数字浙江"的构想。由此,浙江进入了数字化建设的"新赛道"。2020年3月,习近平总书记到浙江考察,再次为浙江数字经济发展把脉定向,强调要抓住产业数字化、数字产业化赋予的机遇,加快5G网络、数据中心等新型基础设施建设,抓紧布局数字经济、生命健康、新材料等战略性新兴产业、未来产业,大力推进科技创新,着力壮大新增长点、形成发展新动能。2023年9月,习近平总书记又对浙江提出了新期待,战略性新兴产业和数字经济是引领未来发展的新赛道,要深化国家数字经济创新发展试验区建设,打造一批具有国际竞争力的战略性新兴产业集群和数字产业集群。

20多年来,从数字浙江出发,到推进两化深度融合、大力发展信息经济,再到数字经济创新提质"一号发展工程",浙江准确把握发展机遇,积极抢占数字经济发展制高点,持续培育发展新质生产力,为高质量发展提供新动能。到2022年,浙江数字经济增加值占GDP的比重达到48.6%,其中数字经济核心产业增加值占GDP的比重为11.6%,有全国电子信息百强企业17家,列全国第3位,根据国家网信办2022年9月发布的《数字中国发展报告》,浙江数字化综合发展水平位居全国第一。数字经济在浙江是创新最活跃、增长速度最快、影响最广泛的发展领域,推动经济发展方式发生了深刻变革,成为彰显高质量发展的"金名片"。第一,加快推进国家级数字经济示范省建设。着力推动数字经济"三区"建设,即建设全国数字产业化发展引领区,打造一批世界级一流企业产业集群;打造全国产业数字化转型示范区,探索实体经济转型模式;构建全国数字经济体制机制创新先导区，保障数字经济发展的最优环境。着力推进"三中心"，聚焦国际数字技术前沿、高端领域，突破一批占据制高点的自主可控的核心技术，加快重量级的新兴科研机构建设；借助eWTP的全球化布局，逐步形成一套跨境贸易发展的制度规则，建设新型贸易中心；依托现有设施基础，构建各金融产业协同发展的新型金融生态，推广移动支付在社会各领域的普及和应用，建设新兴金融中心。第二，大力发展数字产业。聚焦集成电路、人工智能、区块链等前沿领域，增强数字安防和网络通信、集成电路、高端软件、智能计算、智能光伏、数字内容6大千亿级数字产业集群在数字经济核心产业中的主导地位，支持阿里、网易、海康威视、浙大中控等龙头企业快速发展，推进百亿以上产业集群工业互联网平台、规上工业企业数字化改造、细分行业中小企业数字化改造"三个全覆盖"。到2022年，浙江省数字经济领域国家高新技术企业已超万家，培育省级"未来工厂"72家、省级"工业互联网平台"535个，产业数字化发展指数连续三年位居全国第一。第三，率先探索数据基础制度。率先出台《浙江省数字经济促进条例》《浙江省公共数据条例》《浙江省电子商务条例》等地方性法规，率先制定《浙江省推进产业数据价值化改革试点方案》，率先出台数据知识产权领域规范性文件，等等，着力推动开发利用公共数据、数据产权交易相关制度、数据服务商和第三方服务机构等领域建设。积极推进公共数据供给侧改革，出台《浙江省公共数据授权运营管理暂行办法》，探索公共数据授权运营，省、市、县三级公共数据共享需求满足率达99.85%，为探索公共数据授权运营试点和多领域数据交易场景试点提供了突破口。探索数据交易流通机制，发展数据要素市场，在变数据为资产的路上先行先试，产业数据价值化改革取得突破，促进数据交易服务生态体系进一步完善和数据要素产业的持续壮大。第四，持续加快新型基础设施建设。积极推动5G和千兆光网建设。2022年，浙江省每万人拥有5G基站超26个，居全国各省区前列，实现行政村5G网络"村村通"。宁波入选2022年度全国建设信息基础设施和推进产业数字化成效明显市，金华入选国家IPV6试点城市。加快推动城乡数字融合发展，联动推进未来社区、未来乡村建设，开展数字生活新服务行动，加快推进乡村信息基础设施建设，促进全社会共享数字经济发展红利。

当前，浙江正以实施数字经济创新提质"一号发展工程"为牵引，紧扣"往高攀升、向新进军、以融提效"三大主攻方向，进一步深化国家数字经济创新发展试验区建设，着力推进创新数字关键核心技术、激活数据要素价值、提升数字产业竞争力、促进平台经济健康和优化数字经济生态等，加快构建以数字经济为核心的现代化产业体系，推动新质生产力实现新发展。

四、持续推进绿色发展

在西方现代化过程中，人们为了追求经济增长而把大自然作为索取对象，无视地球资源环境的承载能力，经济增长方式粗放、生态环境污染严重、产业结构高耗低能等问题难以解决，最终导致生产力难以持续。绿色发展就是以效率、和谐、持续为目标，按照保护生态环境就是保护生产力、改善生态环境就是发展生产力的发展理念，在关注经济增长的同时，更加强调生态效益和社会效益，这是对传统发展方式深刻反思基础上的发展理念创新，是尊重自然规律、在生态环境容量和资源承载力的约束条件下，兼容生态文明和可持续发展观的新型发展模式。而新质生产力则是以创新为驱动力，在强调知识、高效、可持续的同时，也致力于打造绿色低碳、环境友好、可持续的发展方式，这既体现了对传统生产力的质的跃迁，也是对传统生产力理论的创新拓展，与绿色发展理念是高度契合的。因此，习近平总书记在2024年1月31日中共中央政治局第十一次集体学习时的讲话中明确指出，绿色发展是高质量发展的底色，新质生产力本身就是绿色生产力。这一重要论断，深刻阐明了新质生产力与绿色生产力的内在联系。

绿色生产力与新质生产力的共同性主要体现在：一是基于生态就是资源、生态就是生产力的新生产力观。绿色生产力坚持"绿水青山就是金山银山"，通过生态价值转化，使绿水青山产生巨大的生态效益、经济效益和社会效益。而新质生产力则坚持以科技创新为主导，把科技知识融于劳动者、劳动对象和劳动资料之中，使之转化为经济优势，特别是在创新生态营造中，良好的生态环境无论是对创新活动，还是包括人才的创新主体来说，都是不可或缺的。二是强调人与自然和谐共生。绿色生产力把实现人与自然和谐共生作为价值取向，既要绿水青山，又要金山银山，在实现经济持续发展的同时，使生态环境得到更好保护。新质生产力作为建立在新技术和新要素的优化组合基础上的生产力，坚持以科技创新促进发展，把生态环境作为最普惠的公共产品，把环境质量作为居民生活质量的基本内容，特别是把数字技术、绿色技术创新也作为重要内容，强调节能降耗，注重生态治理，改善环境质量，这也是高质量发展的必然要求。三是致力于可持续发展。绿色生产力以绿色低碳循环为主要原则，将环境资源作为社会经济发展的内在要素，推动经济活动过程和结果的"绿色化""生态化"，进而达到可持续发展。为此，树立生态文明理念、加快建立绿色技术创新体系、积极培育以低碳排放为特征的新的经济增长点、促进经济发展方式加速转变，成为实现绿色生产力的具体路径。事实上，产业体系的绿色化程度和可持续发展水平，本身就是生产力发展水平的标志。现代化产业体系是以绿色为底色的高质量、可持续发展的产业体系，是生态环境友好型产业体系，追求实现的是人与自然和谐共生的发展路径，这是发展新质生产力的内在要求，也是推动完善现代化产业体系的重要内容。因此，发展新质生产力，就是要牢固树立和践行"绿水青山就是金山银山"的理念，坚定不移走生态优先、绿色发展之路，推动现代化产业体系朝着绿色低碳方向发展，助力碳达峰碳中和，以绿色发展的新成效不断激发新质生产力。

21世纪初，浙江在经济高速发展的同时，也感受到资源短缺、能源紧张、环境污染等问题严重制约着发展质量。2004年，习近平同志在听取全省环保督查汇报后明确强调，"生态环境保护是一项基础性工作，必须找到一个突破口"。他亲自推进生态省建设，部署开展"811"环境污染整治行动（"8"指的是全省八大水系，"11"既是指全省11个设区市，也指当时省政府划定的11个省级环保重点监管区），把水环境治理作为浙江环境治理的突破口。此后，浙江接续开展四轮"811"行动，陆续实施"五水共治"、大气污染防治行动计划、打赢蓝天保卫战三年行动计划，等等，到2019年，浙江建成全国首个生态省。2022年，浙江省建立314个省级以上自然保护地，森林覆盖率超过61%，城市建成区绿化覆盖率达42%，省控断面优良水质比例从2004年的42.9%上升至97.6%，全面消除劣V类断面；设区城市PM2.5平均浓度从61微克/立方米降到24微克/立方米，达到有史以来最低点，率先探索出了一条经济转型升级、资源高效利用、环境持续改善、城乡均衡和谐的绿色高质量发展之路。

具体说，一是加快发展绿色低碳循环的生态经济。全面推动产业绿色转型，构建资源高效、能源低碳、过程清洁、废物循环利用的绿色制造体系。深化"低散乱"行业的淘汰整治，全链条绿色化改造提升传统制造业。加快建设绿色工厂和绿色工业园区，推进制造业园区循环化绿色化改造。二是率先探索生态价值转化实现机制。健全政府主导、企业和社会各界参与、市场化运作的生态产品价值实现机制，发布全国首部省级GEP核算标准规范，出台《关于建立健全生态产品价值实现机制的实施意见》，落实自然资源确权登记和生态产品信息普查，建设"两山合作社"试点及配套制度，创新绿色期权等模式的方式，破解生态环境资源难度量、难抵押、难交易、难变现等问题。截至2022年底，全省累计创成42个国家生态文明建设示范区和12个"绿水青山就是金山银山"实践创新基地，数量居全国第一。三是深化"千万工程"建设美丽乡村。2003年6月，在时任浙江省委书记习近平同志的倡导和主持下，在全省启动以农村生产、生活、生态环境改善为重点的"千万工程"，经过20多年持续深化实施，充分挖掘和利用乡村的自然环境、乡土文化、农耕特质、民族特色、地域特点，塑造"一村一品""一村一韵"的新时代浙味特色美丽乡村。同时利用良好生态环境吸引汇聚资本、技术、人才等发展要素，发展现代智慧生态农业、全域生态旅游、品质生态康养业、新型生态服务业等新业态，真正把生态环境优势转化为生态农业、生态工业、生态旅游等生态经济的优势，农村居民收入持续提高，城乡居民收入比从2003年的2.43下降到2022年的1.9，为全国最低。四是积极稳妥推进碳达峰碳中和。率先开展全国首个减污降碳协同增效创新区建设，在全国率先启动生态环境科技帮扶工作，探索生态环境治理和产业开发融合创新，高质量推进国家绿色技术交易中心建设，探索完善企业碳预算管理制度和项目碳排放评价制度，推进能耗"双控"向碳排放"双控"转变。加快构建全国统一绿色技术交易市场体系，2022年，国家绿色技术交易中心累计上架绿色技术2333项，覆盖全国20余个省（自治区、直辖市），促成交易601宗、成交金额达10.02亿元。

20多年来，浙江始终坚持"绿水青山就是金山银山"的重要理念，牢牢把握让绿色成为浙江发展最动人色彩的要求，扎实推进生态省建设，使绿色生产力与新质生产力互促共进。

五、进一步激发民营企业发展活力

发展新质生产力，不仅要提升各组成要素，也要优化要素的组合方式。民营企业作为生产要素的基本组织，如何激活其发展活力就涉及体制机制改革。习近平总书记在2024年1月31日中共中央政治局第十一次集体学习时的讲话中明确强调，生产关系必须与生产力发展要求相适应。发展新质生产力，必须进一步全面深化改革，形成与之相适应的新型生产关系。要深化经济体制、科技体制等改革，着力打通束缚新质生产力发展的堵点卡点，建立高标准市场体系，创新生产要素配置方式，让各类先进优质生产要素向发展新质生产力顺畅流动。

民营企业是新质生产力最活跃的主体，也是发展新质生产力的主力军。在发展新质生产力过程中，必须充分发挥民营企业的作用。首先，科技创新的主体是企业。民营企业勇于探索、敢于冒险，具有与生俱来的创新优势。在市场和创新风险高度不确定的条件下，民营企业勇于打破约束条件，能够创造出新技术、新产品、新业态和新模式，开辟新市场，提升经济发展活力，推动产业转型升级，为高质量发展注入强劲动能。当前民营企业贡献了全国70%的技术创新成果，已经是创新驱动的主体力量，是推动科技进步和产业转型升级的重要引擎。其次，民营企业是战略性新兴产业的主力军。目前全国80%的国家专精特新"小巨人"企业和90%的高新技术企业是民营企业，在大数据、互联网、人工智能等领域民营企业处于领跑地位，移动支付、电子商务等新业态均为民营企业首创，民营企业在现代化产业体系中的地位日益彰显，为新质生产力的形成发展提供了重要支撑。最后，民营企业可以在发展未来产业中发挥重大作用。未来产业是指由重大科技创新推动、代表未来发展方向、对经济社会具有引领作用，当前尚处于萌芽期或产业化初期的产业，通常具有技术前沿性、发展潜在性、成长不确定性等特点。在新一轮科技革命和产业变革背景下，许多民营企业凭借对市场信息的灵敏反应和灵活高效的管理模式，及时抓住机遇，与高校、科研机构合作，优化包括创新链、产业链、资金链、人才链在内的产业生态圈，积极布局大数据、人工智能、新材料和新能源等前沿领域，协同推进技术和商业模式双轮驱动创新，促进产业链与创新链深度融合，孕育高成长的创新型企业，加快融入未来产业体系，成为引领未来经济发展的新引擎。

民营经济是浙江经济的最大特色优势，民营企业家是浙江的宝贵财富。早在2004年2月，习近平同志就亲自主持召开浙江省首次民营经济工作会议并发表重要讲话，明确提出着力推进民营经济"五个转变"，推动出台《关于推动民营经济新飞跃的若干意见》。2011年10月，在民营企业发展面临重重困难的背景下，浙江省委、省政府审时度势，精心谋划召开首届世界浙商大会，习近平同志亲自给大会发来贺信，开启了新时期民营经济发展"创业创新闯天下，合心合力强浙江"的新篇章。20年来，浙江始终坚持和完善社会主义基本经济制度，持续构建亲清政商关系，着力打造一流营商环境，有力地促进民营经济发展壮大。到2022年，浙江民营经济增加值占GDP比重为67%，民营经济对税收的贡献达到72%，还贡献了88%的就业和97%的市场主体数量。根据全国工商联发布的2022中国民营企业500强榜单，浙江省入围中国民营企业500强数量为107家，连续24年蝉联全国首位，单项冠军示范企业（产品）数量位居全国第一。

民营经济是浙江的最大特色、最大优势。高质量发展和中国式现代化省域先行，离不开民营企业和民营企业家的生力军作用。一是持续引领产业升级。2022年，全省规上工业企业中，民营企业占比92.2%，增加值占比70.3%，对规上工业增加值的增长贡献率为83.2%；规上服务业企业，民营企业占比超八成，民营经济成为引领着浙江产业规模持续壮大、产业结构持续转型的重要力量。二是创新能力日益增强。民营企业已经成为浙江科技创新的主力军。2021年，规上工业企业中，有研发费用支出的民营企业达3.4万家，占规上工业中有研发费用支出企业数的89.8%。数万家规上民营企业设立了研发机构，助推企业转型升级和高质量发展。根据全国工商联发布的"2022民营企业研发投入"榜单，阿里、吉利、蚂蚁集团和网易分别排名第2、第5、第6和第10位，榜单前十位中浙江占据4席，并列第一。三是对外投资十分活跃。在进一步加大国内投资的基础上，许多民营企业在对外投资方面表现很突出，2021年民营企业累计对外投资企业（机构）644家，占全省总数的95.69%，对外直接投资备案额84.31亿美元，占全省备案总额的93.77%。四是民营企业社会责任不断提高。民营经济是吸纳新增就业、增加居民收入的主体力量，许多民营企业积极参与各项社会事业、提供公共服务，成为民生保障的重要载体。2021年，民办养老机构、民营卫生机构所占比重都超过了一半以上，在教育设施、公共体育和卫生设施等公共服务领域投资增长19.6%，高出民间投资总额10.7个百分点。

民营经济是我国社会主义经济制度的内在要素。支持民营经济和民营企业发展壮大，激发各类经营主体的内生动力和创新活力，是发展新质生产力的必然要求。因此，我们必须从推进中国式现代化建设全局的高度，坚定不移地落实"两个毫不动摇"的体制机制，不断释放"三个没有变"鲜明信号，不断破除制约民营企业公平参与市场竞争的障碍，持续优化营商环境，继续鼓励、引导、支持民营企业加大研发投入，提升科技创新能力，推动其成为发展新质生产力的重要主体，为推动高质量发展和中国式现代化省域先行作出更大贡献。

以新质生产力实现东北振兴"五大安全"

◎时 杰

（中国社会科学院习近平新时代中国特色社会主义思想研究中心特聘研究员、
中国社会科学院工业经济研究所财政与财务研究中心研究员）

2023年10月27日中共中央政治局会议审议并通过了《关于进一步推动新时代东北全面振兴取得新突破若干政策措施的意见》。这次会议标志着已经实施了20年的东北振兴战略进入新时代，习近平总书记强调，东北地区在维护国家安全中的"五大安全"战略任务，东北振兴面临着新的历史机遇。

把握东北振兴的新机遇，需要按照习近平总书记特别提到的关键发展理念——新质生产力，将其置于东北全面振兴的核心位置。以新质生产力为动力，推动东北地区的发展与国家的"五大安全"需求紧密相结合，牢牢守住国防安全、粮食安全、生态安全、能源安全、产业安全这五道底线，统筹发展和安全，实现支持政策与内生动力的有效结合，为东北的全面振兴提供坚实的战略支撑。

一、新质生产力：东北全面振兴关键动力

新质生产力代表了一种具有创新性、高科技含量和高附加值的生产力形态。这一概念强调通过科技创新、产业升级和生产要素的质的飞跃来推动经济增长。新质生产力的核心在于科技创新，它与战略性新兴产业密切相关，是东北地区全面振兴的核心动力。新质生产力将为科技创新、产业升级和国际竞争力提供重要支持。通过积极推动新质生产力的发展，东北地区可以实现高质量的经济增长，工业的提质增效，提高生态环境质量，积极维护国家发展的"五大安全"，为我国经济的高质量增长作出新的贡献。科技创新是新质生产力的关键要素，它对产业升级和保障制造业供应链完整具有重要作用。科技创新是新质生产力的核心元素，通过引入新技术、新材料和新工艺，能够显著提高产品质量、生产效率和降低生产成本。中国在全球科研投入中占显著地位。科技创新也有助于增强制造业供应链的韧性。例如，数字化技术、物联网、大数据分析等新兴技术，使企业能够更好地监控和管理供应链，及时应对风险，提高供应链的透明度和韧性。科技创新推动了制造业向自动化和智能化方向的转变。根据国际机器人联合会（IFR）的数据，中国已经成为全球最大的工业机器人市场。这种趋势不仅提高了制造业的生产效率，还有助于降低劳动力成本和提高产品质量。科技创新不仅可以提高产品质量和技术水平，还有助于提高生产效率，减少资源浪费，降低环境污染。这对于东北地区的经济可持续发展和资源保护至关重要。

产业升级也是新质生产力的一个重要方面。通过发展战略性新兴产业，如新能源、新材料、电子信息等，东北地区可以提高产业附加值，增加就业机会，促进技术传播和创新。产业升级将使东北地区更有竞争力，能够更好地融入全球产业链，推动国际竞争力的提升。

二、发展新质生产力，更好维护国防安全

东北地区在维护国防安全方面具有至关重要的地缘政治位置。东北地区是连接亚欧大陆桥的重要交通枢纽。东北地区一直扮演着维护国防安全的重要角色，不仅发展了军港和飞机制造工厂等军工产业，而且在保障国防安全方面肩负了明确的政治责任。新质生产力在维护国防安全方面扮演着重要的角色。它代表了高科技和创新的生产方式，提供了强有力的支持来加强军工和国防产业的创新和发展。通过引入新质生产力的理念，东北地区可以积极推动军工和国防产业的现代化升级，增强国家国防安全。

新质生产力的核心在于科技创新，这一理念可以直接应用于军工和国防产业。通过采用最新的科技和工程技术，军工和国防产业可以提高武器装备的性能和质量，使其更具可靠性和竞争力。同时，科技创新还可以帮助军工企业提高生产效率、降低成本，为国防建设提供更多的资源。新质生产力理念还鼓励了战略性新兴产业的发展，在现代产业体系中，这些产业往往与国防产业密切相关。通过投资和培育新材料、电子信息、先进制造等领域，国防产业可以提高军用装备的技术水平和性能。例如，新材料的应用可以增强装备的耐用性和性

能，电子信息技术可以提高通信和情报处理能力，而先进制造技术有助于打造更高精度的武器系统。这些创新将有助于增强国防产业的实力，提高国家国防安全。新质生产力为维护国家国防安全提供了新的机遇和手段。通过科技创新和战略性新兴产业的发展，东北地区可以推动军工和国防产业的创新和发展，增强国家国防安全的实力。这将有助于保障国家的国防利益，应对国际安全挑战，为国家的和平与稳定作出贡献。

三、发展新质生产力，推动农业现代化保障粮食安全

新质生产力对于维护粮食安全在东北地区具有重要意义。东北一直以来都在农业领域拥有坚实的资源基础和丰富的农业传统，正如习近平总书记所强调的"中国人的饭碗任何时候都要牢牢端在自己手中。我们的饭碗应该主要装中国粮"，这意味着粮食生产关系着国家的粮食安全，需要充分发挥农业现代化的潜力。粮食问题不仅是经济问题，还关系到国家政治和战略层面。中国的粮食安全不能依赖进口粮食。

东北地区一直以来都是中国的重要粮仓。每年为国家提供约三分之一的商品粮。因此，东北地区一直扮演着重要的角色，它对于稳定国内粮食市场的运行以及实现中长期粮食供需平衡有着重要的安全保障作用。东北地区的粮食对于保障我国粮食安全重要性可见一斑，但在确保粮食供应的同时，还需要提高粮食的质量和产量。新质生产力的理念为此提供了有力的支持。通过推动现代化大农业的发展，采用

精准农业技术、数字化管理、新材料等创新性工具，东北地区可以提高粮食的综合生产能力，减少浪费，确保粮食安全。通过应用新质生产力的理念，东北地区可以为国家的粮食安全贡献更多，为保障"五大安全"中的粮食安全作出更大的努力。新质生产力强调科技创新和高附加值的生产方式，这可以直接应用于农业。通过采用最新的农业技术和科学种植方法，东北地区可以提高粮食产量和质量，同时减少对农药和化肥的使用，减轻对生态环境的压力。现代化大农业还包括数字化农业、智能农业和精准农业等新兴领域，这些领域也是新质生产力的应用范围。新质生产力的核心思想是实现生产方式和生产要素的质的飞跃，这意味着在农业领域不仅要提高产量，还要提高产品质量。通过推动农产品的品质提升，东北地区可以更好地满足国内市场需求，这对于保障粮食安全，确保粮食供应具有重要意义。新质生产力为东北地区的现代化大农业提供了新的机遇。通过科技创新和提高农产品质量，东北地区可以增强粮食综合生产能力，提高粮食安全水平。这将有助于确保粮食安全。

四、发展新质生产力，助力生态安全

新质生产力不仅对工业升级推动经济高质量发展具有关键作用，还在生态保护方面有着重要的应用潜力。东北地区拥有丰富的自然资源和美丽的生态环境，但随着经济发展，曾经存在的生态问题逐渐凸显。应用新质生产力的理念，将有助于加强生态保护工作，实现生态安全。新质生产力着重强调科技创新，这一观点在生态保护领域同样适用。科技创新可以帮助提高生态保护的效率和效果。例如新的监测技术和数据分析方法可以更好地监控生态系统的变化，从而更及时地采取保护措施。同时，科技创新也可以帮助降低环境污染和资源消耗，有助于提高生态环境质量。新质生产力的核心在于提高质量，这也适用于生态建设。通过新技术、新材料和新方法的应用，东北地区可以提高环境质量，保护珍贵的生态资源。例如，更高效的污水处理技术、可持续的林业经营和清洁能源发展都是新质生产力的体现，它们对生态安全至关重要。

生态保护与可持续发展密切相关，而新质生产力的理念强调了可持续性。通过应用新质生产力，东北地区可以实现经济增长和生态保护的协调发展，确保资源的可持续利用，保护生态系统的完整性。这将有助于维护国家的生态安全，为子孙后代创造更好的生活环境。

新质生产力的应用将有助于加强东北地区的生态保护工作，推动生态建设与可持续发展的有机结合。这对于维护国家的生态安全具有关键性意义。新质生产力的科技创新和高质量要求将成为东北地区生态保护工作的有力支持，帮助确保生态系统的健康和可持续性。

五、发展新质生产力，保障能源安全

能源安全一直是国家安全的重要组成部分，而新质生产力的应用可以加速东北地区清洁能源的发展，提高能源供应的安全性。在过去，东北地区曾是中国的传统能源产地，但随着能源消耗的不断增长，清洁能源的发展变得尤为重要。

新质生产力的核心在于科技创新，而在能源领域，科技创新可以推动清洁能源的研发和利用。通过引入新技术和绿色能源解决方案，东北地区可以减少对传统能源的依赖，提高能源的多样性，从而降低能源供应的脆弱性。清洁能源如风电、太阳能、核电等，将在东北地区取代传统的高污染和高能耗能源，有助于提高环境质量和减少温室气体排放。清洁能源的发展还与国家的可持续发展目标相契合。新质生产力的引入有助于加速清洁能源技术的创新，提高能源效率，降低生产成本，使清洁能源更具竞争力。这将有助于东北地区实现能源供应的可持续性，为国家能源安全作出贡献。同时，清洁能源的发展也将创造就业机会，促进经济增长，提高居民生活质量。新质生产力的应用不仅为东北地区提供了清洁能源的技术支持，还为经济结构调整和产业升级提供了机会。这将有助于提高东北地区的国际竞争力，吸引更多投资和人才，推动经济的发展。

新质生产力的应用有助于加速清洁能源的发展，提高能源供应的安全性，推动东北地区的能源安全。通过科技创新和绿色能源的推广，东北地区可以更好地满足国内能源需求，降低对进口能源的依赖，确保能源供应的可持续性。这对于国家的能源安全具有重要意义。

六、以新质生产力强化传统制造业，保障产业安全

产业安全在维护国家的"五大安全"中起着至关重要的作用。其中，传统制造业一直是东北地区的支柱产业之一，但也面临着挑战，

如产业结构老化、技术水平相对滞后等。新质生产力的应用为传统制造业提供了升级和发展的机会。

新质生产力的核心在于科技创新，这与传统制造业的现状密切相关。通过引入新技术、自动化和智能制造，传统制造业可以提高生产效率、降低生产成本，并更好地适应市场需求的变化。这种升级不仅有助于传统产业保持竞争力，还可推动其向高附加值、高质量发展转型。

新质生产力还促使传统制造业朝着绿色、可持续的方向发展。环保和可持续发展已成为全球经济的重要趋势，而传统制造业的环境影响一直备受关注。通过引入清洁生产技术和绿色制造方法，传统制造业可以减少对资源的依赖，降低对环境的负面影响，提高生产的可持续性。

与此同时，新质生产力也强调了质量的重要性，这对于传统制造业来说是一个重要的提升空间。通过提高产品质量、增加创新元素，传统制造业可以走出低成本竞争的怪圈，不断提升自身的附加值和市场竞争力。这将有助于吸引更多投资，促进产业发展，提高经济发展水平。

新质生产力的应用为传统制造业带来了新的发展机会。强化传统制造业与新质生产力的结合，有助于加强产业安全，提高国际竞争力，推动东北地区产业的发展。这对于维护国家产业安全和经济安全具有重要意义。

新质生产力作为一项重要的发展理念和战略，不仅在东北地区的全面振兴中占据关键地位，而且在维护"五大安全"建设方面扮演着至关重要的角色。新质生产力作为推动东北全面振兴和维护国家"五大安全"的关键动力,为国家安全提供了战略支撑。通过应用新质生产力的理念,东北地区可以更好地应对经济、环境和国防等方面的新的发展机遇,实现综合安全和可持续发展。这不仅有益于东北地区,也为中国的高质量发展和国家安全提供了坚实的基础。

发展水利新质生产力　做好科技创新大文章

◎彭　静

（中国水利水电科学研究院院长、党委书记）

习近平总书记指出，发展新质生产力是推动高质量发展的内在要求和重要着力点，必须继续做好创新这篇大文章，推动新质生产力加快发展。发展水利新质生产力，要坚持创新驱动，围绕新时代国家水安全保障对科技创新的新需求，着力提升水科技自立自强。作为国家级水利科研院所，要深刻认识科技创新在推动水利新质生产力中的核心要素地位，抢抓机遇发挥好科技创新的战略支撑作用，为加快发展水利新质生产力提供坚实科技支撑引领。

一、深入理解发展水利新质生产力的时代必然

习近平总书记指出，新质生产力是创新起主导作用，摆脱传统经济增长方式、生产力发展路径，具有高科技、高效能、高质量特征，符合新发展理念的先进生产力质态。从经济社会发展历程看，生产力

的发展始终都是其根本动力和决定力量。历史上，生产力的每一次变革都对人类社会发展产生巨大的推动作用，并驱动生产方式的重大进步。进入新发展阶段，立足全面小康的社会基础，客观要求我们必须加强涉水领域的颠覆性技术和前沿技术创新，努力推动形成新的水科技革命和水产业变革。这是迈入新征程，为以中国式现代化实现中华民族伟大复兴提供水安全保障的历史必然和时代必然。水利部部长李国英强调，推动新阶段水利高质量发展，比以往任何时候都更需要水科技创新的支撑和引领。这对发展水利新质生产力的科技活动和人才素质提出了新要求，时代赋予了水科技工作者重大使命、重要任务。要坚持治水思路，坚持创新驱动，深入理解发展水利新质生产力的科技创新内生要求，凝聚智慧力量，提供支撑引领。

二、深刻认识科技创新的核心要素地位

顾名思义，新质生产力表征着生产力各要素及其质态的革新。习近平总书记强调新质生产力的高科技特征，从底层逻辑明确了科技创新在变革生产力各要素及其质态中的核心地位作用。发展水利新质生产力也不例外，无论是生产者、生产对象还是生产资料，都已发生深刻变革。进入新发展阶段，推动科技创新的使命愿景、投资强度、仪器设备、信息数据、人才素质、团队模式、市场需求、制度供给、技术条件等都发生了质变，必须深刻认识科技创新的核心要素地位，准确识变，科学应变，主动求变，以科技创新推动引领水利新质生产力发展。

以科技创新建构新的生产工具体系。新一轮科技革命，尤其是现代信息技术的迅猛发展，为面向新质生产力的水科技创新提供了新的技术引擎。云计算、大数据、量子技术、虚拟现实等技术与传统水科技的快速融合应用，尤其是以 ChatGPT 为代表的生成式人工智能的崛起，正在并还将继续孕育出一大批更加智能、高效、低碳、安全的新型生产工具。水科技创新推动了水利技术的升级换代和产业升级。如技术方法从以往的主要依靠人力、单一功能设备、低效率、经验为主的分析、计算、决策模式，转变为具备多功能、自动化、精准调控、自我迭代、个性化定制和多场景应用的智能模式。以水循环演变特别是洪水演进的动力模拟算法为例，从以往主要依靠经验公式的估算，发展到今天能够处理复杂非线性问题、多物理场耦合的高保真度、高精度仿真模拟，实现了从基于水基本守恒方程组的传统模型，向能够捕捉现实世界多要求、多过程，动态变化的复杂系统实时仿真演进。数据处理、模型构建和决策支持系统能获得更为精准、更高效率的结果，从而更好满足日益增长的多样化生产需求。迭代过程也同步推动水科技不断数字化、网络化、智能化，进而为更充分地利用大数据、人工智能等新一代通用型信息和互联技术提供技术生态，推动加快研发新一代具有自主知识产权的通用性水科技模型工具体系。

以科技创新配置新的生产资料体系。在新一轮科技革命和产业变革大背景下，数据量和算力呈爆炸式增长，数据已成为驱动经济社会发展新的生产力要素。而海量数据的要素化要求，即数据清理、聚合和标准化过程，则促进了算力在发展水利新质生产力中的要素潜能。感知技术的飞速发展为水领域的算据获取和算力提升提供强大驱动力，也为解决传统上主要依靠物理机制的水问题解决方案开辟了利用数据和图像要素的新路径。如高分辨卫星遥感、无人机、无人船、智能传感器等现代遥感监测手段，为河流保护治理和水行政监管提供了先进感知手段，显著提升了数据和图像获取和存储能力。5G、北斗、星网（链）等信息网络和AI技术的快速发展，又为数据和图像的生产资料要素化提供了现实可能。如深度学习、神经网络、知识图谱等高科技，实现了数据的深度挖掘和迭代应用。云计算、边缘计算、人工智能大模型、量子计算等高科技，又使得算力的提升速度远超摩尔定律增速，助推算力基础设施加快升级。在这一方面，水科技创新要锚定数字化场景目标，加快构建"天—空—地"一体化水感知网，分级构建全国统一、功能区划动态更新的数据底板，夯实算据基础，进一步提升算力水平，加快提升新质生产力资料配置效率及全要素生产率。

以科技创新建构新的生产函数。马克思认为，各种经济时代的区别，不在于生产什么，而在于怎样生产，用什么劳动资料生产。创新的本质是建立一种新的生产函数。技术变革重塑了生产工具，重塑了生产资料要素，彻底摆脱了传统生产模式，必将重构新的生产函数，形成新的增长路径，催生新产业新业态，从而推动生产力向更先进的型态和质态演进，推动社会跨入数字经济新时代。数字经济新的要素特征，就是数据要素的高热度和高速度，以及通过新生产工具和新生产资料的共同加持，产生新的生产函数。优化的生产要素型式、优配的生产要素效率，让各类新生产要素加速流向新质生产力，带动生产主体、生产工具、生产对象和生产方式的体系化变革，使得生产函数从线性增长、曲线增长跃升为超指数形式，推动生产力实现质的有效提升和量的合理增长。

三、抢抓机遇，发挥好科技创新的战略支撑作用

党的二十大作出了全面建成社会主义现代化强国战略部署，要求"加快实施创新驱动发展战略""加快实现高水平科技自立自强"，明确了科技创新的战略支撑地位。要心怀"国之大者"，坚持使命导向，找准水科技创新在发展水利新质生产力中的目标定位，努力实现水领域高水平科技自立自强。

以建设国家水网为使命导向。习近平总书记强调，水网建设起来，会是中华民族在治水历程中又一个世纪画卷，会载入千秋史册。国家水网是国家基础设施体系的重要组成，发挥着统筹解决水灾害、水资源、水生态、水环境问题，保障国家水安全的重要作用。水利部将实施国家水网重大工程作为推动新阶段水利高质量发展的六条实施路径之一，锚定"系统完备、安全可靠，集约高效、绿色智能，循环通畅、调控有序"的发展目标，以联网、补网、强链为重点，持续推进国家水网建设。国家水网是由自然河湖水系和引调排蓄工程耦合而成的一个复杂巨系统，具有鲜明的创新驱动特征，其建设运行要依托大量新材料、新技术、新装备、新模式的研发与应用，这些都是新质生产力在水利领域的具体体现。中国水利水电科学研究院聚焦国家水网建设的基础理论、工程建设和运行调度开展全面研究。在基础理论方面，丰富发展"自然—社会"二元水循环理论，深入研究气候变化

和人类活动影响下流域水资源演变、新发展阶段经济社会和生态环境用水需求规律、水资源分布与国土空间布局适配性等，探讨其物理学和经济学原理。在工程建设方面，研发适应复杂环境条件的高性能绿色水工材料及自修复、自组织机制，以及水网工程结构群全过程智能建造技术等，支撑重大水网工程高质量建造。在工程运行调度方面，研发气象水文—水动力一体化智能预报技术、水量—水力—水质—水生多要素协同调控技术、综合风险识别—预警—处置系统控制技术等，保障国家水网工程安全可持续运行。

以建设数字孪生水利为核心路径。 习近平总书记强调，发展数字经济意义重大，是把握新一轮科技革命和产业变革新机遇的战略选择。要充分发挥海量数据和丰富应用场景优势，促进数字技术和实体经济深度融合，赋能传统产业转型升级，催生新产业新业态新模式，不断做强做优做大我国数字经济。水利部将推进数字孪生水利建设作为推动新阶段水利高质量发展的实施路径和重要标志之一。李国英部长指出，要按照"需求牵引、应用至上、数字赋能、提升能力"的原则，大力推进数字孪生流域、数字孪生水网、数字孪生工程建设。要以数字化、网络化、智能化为主线，以数字化场景、智慧化模拟、精准化决策为路径，以算据、算法、算力建设为支撑，强化对物理流域、水网、工程的全时空、全过程、全要素的数字化映射、智能化模拟、前瞻性预演，实现与物理水利同步仿真运行、虚实交互、迭代优化，进而筑牢雨水情监测预报"三道防线"，构筑具有预报、预警、预演、预案功能的数字孪生水利体系。聚焦提升水监测感知能力和数字孪生水利建设需求，中国水利水电科学研究院全方位开展科技创新实践。在系统感知方面，基于北斗卫星导航等信息监测技术，开展"天—空—地"一体化监测系统及软硬件平台建设，实现了多源数据从实时模拟、数据获取、预处理到信息智能提取、动态评估的一体化快速流程式处理，为雨水情监测预报"三道防线"的构筑提供了重要技术支撑。在系列模型方面，开展中国水利水电科学研究院"Sky"系列模型建设，持续推进不同层级流域、水网、工程数字孪生模型研发攻关，初步建立全国地下水通用模型、水资源调配模型、全国土壤侵蚀模型、智慧化流域产汇流及洪水预报模型、泥沙通用数学模型等专业模型，形成涵盖物理机理、过程应用、数据驱动3类50余项专业模型体系，建立"SkyDI（数智水科）"模型工具箱，目前正在大量应用过程中持续率定模型参数、优化算法，不断提升模型精度。在AI方面，开启基于数值模拟和知识驱动的"SkyGPT"水业务大模型研发，并取得了初步成果。

以健全水利标准体系为推动引领。习近平总书记强调，要以高标准助力高技术创新，促进高水平开放，引领高质量发展。水利部把水利技术标准体系建设作为发展新质生产力的主要着力点。李国英部长指出，要深刻认识水利技术标准对加快发展水利新质生产力、扎实推进水利高质量发展的导向性、引领性、推动性、基础性作用。水利技术标准体系是发展水利新质生产力、推进水利高质量发展的重要基础，是促进创新成果应用的重要载体，通过规范水利勘测、规划、设计、施工、建设和运行全生命周期，引领水利新质生产力发展，促进水利行业生产关系进一步优化。聚焦水安全保障四大能力提升和国家重大战略需求，对标发展新质生产力要求，查找水利技术标准体系的空白弱项，助力完善水利技术标准体系。推动标准化与科技创新协同发展，强化水资源、水灾害、水工程等关键技术领域标准攻关，加速数字孪生水利、幸福河湖评价、水旱灾害"四预"、水网工程智能建造、水土保持碳汇、非常规水资源开发利用等新方向标准供给和质量提升。有序推进国家水资源计量站建设，有效填补水利行业水资源领域国家专业计量站空白，强化水利行业量值传递溯源能力，提升水利计量管理水平。着力推进标准"走出去"，申报 ISO 水土保持与工程泥沙标准化技术委员会秘书处并承担相关工作，积极推动中国标准在国际工程应用，推进优势领域国际标准研制，增强我国水利标准国际话语权。

以建构河流伦理为文化自觉。习近平总书记指出，人与自然是生命共同体，人类必须敬畏自然、尊重自然、顺应自然、保护自然，强调要让河流恢复生命、流域重现生机。这些论述科学回答了如何实现人与河流和谐共生的重大问题，确立了河流在人水关系中的道德主体地位，指引新时代中国治水取得历史性成就。李国英部长在 2023 年联合国水大会提出倡议，要"尊重自然界河流生存的基本权利，把河流视作生命体，建构河流伦理，维护河流健康生命，实现人与河流和谐共生"，引起热烈反响。建构河流伦理，是深入贯彻习近平生态文明思想，落实党的二十大提出的"推动绿色发展，促进人与自然和谐共生"要求，是系统总结我国江河保护治理实践经验、传承弘扬中华先进水文化的时代需要，是辩证认识与正确处理新型人水关系的指导哲学，是发展水利新质生产力的文化基因。中国水利水电科学研究院高度重视河流伦理研究工作，创新多学科集智攻关机制，汇聚水资源、防洪减灾、水生态环境、农村水利、水利史水文化、水利国际合作等领域专家智慧，研究河流伦理建构理论。遵循把自然界河流视作生命体、尊重河流生存与健康基本权利的伦理必然，研究提出人与河流关系的价值取向、道德准则、责任义务和行为规范，强化规划、治理、调度、管理等制度约束，结合典型案例，深入阐述我国治水实践中河流伦理的具体价值体现，重点总结在习近平生态文明思想指引下复苏河湖生态、建立健全河湖长制、推动长江、黄河立法等经验成效。为推动河流伦理价值观念成为广泛共识、维护河流健康生命成为观念自觉、复苏河流生态环境成为行为自觉贡献力量，赋予水文化新内涵，引领水利新质生产力新发展。

以培育新质人才队伍为核心要素。 习近平总书记强调，要按照发展新质生产力要求，畅通教育、科技、人才的良性循环，完善人才培养、引进、使用、合理流动的工作机制。加快形成新质生产力，创新是核心要素，本质是人才驱动。李国英部长强调，推动新阶段水利高质量发展任务繁重艰巨，急需更多高素质专业化水利人才，要全方位培养、引进、用好水利人才，让水利事业激励水利人才，让水利人才成就水利事业。人才是生产力中最能动、最具决定意义的因素。发展水利新质生产力，对水科技工作者提出了更高要求，需要能够引领世界科技前沿、在颠覆性科学认识和技术创造方面作出重大突破的顶尖科技人才，需要在基础研究和关键核心技术领域的战略科学家和大批后备人才队伍。以新阶段水利高质量发展需求为导向，努力营造具有全球竞争力的引才、育才、用才环境，全力激发人才创新活力，提升科技创新内生动力，为发展水利新质生产力注入人才动能。面向全球，通过"全职＋柔性"双通道模式，以更加积极有效的政策靶向引才，精准延揽，重点补充发展水利新质生产力急需的高精尖专业人才。系统布局，分层分类培养支持人才成长，滚动实施"五大人才"计划，以创新领军人才和创新团队为引领，以基础研究、技术开发、产品研发"三型"人才为骨干，以青年人才为源头活水，加强国际复合型人才培养和优秀人才引进，构建全链条人才培养体系。探索构建"项目—团队—平台"和"成果—评价—激励"多要素联动和成果分类评价机制，推进"放权松绑"，充分赋予首席科学家在科研路线选择、团队组建等方面的自主权和优先权，加强新技术赋能管理服务，减轻青年科技人才非科研负担，激发科技人才创新活力。

习近平总书记强调，发展新质生产力，必须进一步全面深化改革，形成与之相适应的新型生产关系。水科技创新要不断深化对新质生产力的理论认知和实践指导，深刻认识发展水利新质生产力的本质要求，把握好发展原则。坚持党的领导。要深入贯彻落实习近平总书记"节水优先、空间均衡、系统治理、两手发力"治水思路，关于治水重要论述精神和发展新质生产力重要指示批示精神，锚定为以中国式现代化全面推进强国建设、民族复兴伟业提供有力的水安全保障总目标，对标水利部党组提出的四大能力提升和六条实施路径，全面提升水科技创新能力，确保水科技创新工作始终沿着习近平总书记指引的方向前进。坚持使命导向。要始终坚持"四个面向"，认真落实创新驱动发展战略，以国家战略需求为导向，强化基础理论研究、重大科技问题攻关和技术服务保障，重视科技创新和产业创新的贯通融合，加强科技创新与标准体系的贯通融合。加快形成贯通产学研用的水科技创新完整链条，加快科技成果向现实生产力转化，为发展水利新质生产力提供坚实水科技支撑。坚持先立后破。新质生产力不是对传统生产力的颠覆，要从实际出发，把握好"立"与"破"的关系，因地制宜，分类指导，根据自身资源禀赋、人才配置、科研基础、平台条件等，推动新技术改造提升，创新建构新的技术应用场景。坚持制度保障。持续推动科技创新与制度创新"双轮驱动"，破解科技创新体制机制制约。优化水科技创新生态环境和资源配置，以重大项目实施和水科技创新集群建设为依托，构建跨学科、跨领域、跨部门的优势力量集智攻关新模式，更广泛调动人才积极性、主动性、创造性，不断塑造新的竞争优势。坚持人才驱动。人才是第一资源，是发展新质生产力的核心驱动力。要打造与新质生产力发展相匹配的水科技人才队伍，深化人才管理和使用制度改革，优化科研经费使用、管理方式和科技评价制度，充分发挥科研人员创新潜力，健全以创新价值、能力、贡献为导向的水科技人才评价体系。坚持开放共享。推动自主创新与开放创新协同共进，用好全球水科技创新资源。要更加主动融入全球水治理体系，深化水科技多双边交流，进一步提升水科技合作的深度和广度，共建共享发展水利新质生产力的共性技术和创新生态，为推动构建人类命运共同体贡献中国水智慧和解决方案。

培育能源电力领域的新质生产力

◎ 钟　晖

（国网浙江省电力有限公司经济技术研究院院长）

从2023年9月习近平同志在东北考察时提出"新质生产力"以来，在中央经济工作会议上、政府工作报告中、中共中央政治局集体学习上，新质生产力都是重要关切议题，发展新质生产力已成为新时代新征程上的重大战略使命，也是国家、行业、地方和企业高质量发展的关键之举。

作为关乎国家能源安全和保障国民经济运行的关键领域，能源电力是技术革新、产业升级、生产力跃升的关键领域，也是体制机制完善、生产关系变革的前沿阵地，培育和发展新质生产力的需求迫切、作用关键、使命重大。

一、能源电力领域具备发展新质生产力的基础条件

党的二十大报告提出"在第二个百年，以中国式现代化全面推进

中华民族伟大复兴"的使命任务。伟大复兴需要建设能源强国，需要持续发展好电力事业，为全面推进中华民族伟大复兴提供坚强的电力保障，走出一条中国式现代化的能源电力发展之路。电力作为"端牢能源饭碗"的"大国重器"和"顶梁柱"，长期以来秉持"国民经济保障者、能源革命践行者、能源发展先行者"的定位，也为率先探索新质生产力、大力发展新质生产力、持续培育新质生产力打下坚实的基础。新质生产力需要由"技术革命性突破、生产要素创新性配置、产业深度转型升级"催生，而能源电力在这三个方面，积累了引领生产力进步的基础条件。

在技术革命性突破方面，我国在清洁能源开发利用方面的核心技术基本完备，投入运行全球最大单机容量100万千瓦水电机组，成功投产全球首个具有四代技术特征的高温气冷堆商业示范核电项目，成功下线单机容量16兆瓦全系列风电机组，创造了晶体硅光伏电池转换效率26.8%的世界纪录，全面掌握了世界最高电压等级的输变电技术，形成了新型储能技术多元化发展态势，大幅提升了工农业生产、交通运输、建筑等领域电气化水平。

在生产要素创新性配置方面，以"电"这一基础生产要素为例，能源资源匮乏的浙江地区，建成了1000千伏淮南—浙北、浙北—福州特高压交流输变电工程，以及±800千伏灵州—绍兴、溪洛渡—金华、白鹤滩—浙江特高压直流工程，组成"两交三直"主干网架，还有将要开工建设的甘肃—浙江±800千伏特高压直流输变电工程，将四川的水电、宁夏的火电、甘肃的新能源输送到东部负荷中心，通过南北互通、东西互供的大电网，集散配置到各行各业、千家万户，实现能源资源的高效配置。

在产业深度转型升级方面,我国电力系统发电装机总容量、非化石能源发电装机容量、远距离输电能力、电网规模等指标均稳居世界第一,电力装备制造、规划设计及施工建设、科研与标准化、系统调控运行等方面均建立了较为完备的工业体系。在新能源、电动汽车、储能等"新三样"产业领域,建立了从原材料到出口销售的全环节产业链,在国际市场具备了较强竞争力,2023年"新三样"出口增长近30%。为保障国家能源安全,服务国民经济快速发展,促进人民生活水平的不断提高提供了有力支撑。

二、建设新型电力系统是形成新质生产力的重要途径

2021年3月15日,中央财经委员会第九次会议首次提出构建新型电力系统。2023年7月11日,中央全面深化改革委员会第二次会议提出加快构建"清洁低碳、安全充裕、经济高效、供需协同、灵活智能"的新型电力系统,为能源电力高质量发展指明了科学方向、明确了行动纲领、提供了根本遵循。

新型电力系统是传统电力系统的跨越升级,是清洁低碳、安全高效能源体系的重要组成部分,承载着能源转型的历史使命,是清洁低碳、安全可控、灵活高效、智能友好、开放互动的电力系统。建设新型电力系统是电力行业引领能源绿色转型、实现"双碳"目标的必由之路,也是能源体制转型发展、蝶变升级的必要之举。可以说新型电力系统本身就是新质生产力的重要载体,建设新型电力系统的进程就

是发展新质生产力的路径。辩证来看，两者有三方面联系。

一是发展理念高度契合。《新型电力系统发展蓝皮书》提出，当前电力系统要在功能定位、供给结构、系统形态、运行机理等方面主动实现"四个转变"。其中第一个转变就是功能定位，要从跟随经济社会发展向主动引领产业升级转变，指导能源电力相关企业纵深构建绿色产业、数字产业、能源装备制造产业、新能源产业、储能产业、电动汽车产业，要在产业链的补、延、升、建中提升新型电力系统更广泛的价值。可以说，"能否引领产业升级"很有可能成为未来新型电力系统是否建成的评判标准之一。而新质生产力的发展，明确要将科技创新成果应用到具体产业和产业链上，改造提升传统产业，培育壮大新兴产业，布局建设未来产业，完善现代化产业体系。

二是都聚焦新能源高质量发展。建设新型电力系统，发展好新能源是关键。2023年，在中共中央政治局第十二次集体学习会议上，习近平同志强调"新能源是应对转型挑战的重点出路""要以更大力度推动我国新能源高质量发展"。进入新发展阶段，我国风电、光伏发电新增装机已经连续四年突破1亿千瓦，2024年预计新增装机2亿千瓦。新能源已正逐步进入由"量变"到"质变"的新阶段，伴随而来的，也有开发与消纳受限制、系统稳定运行难、调节成本难疏导等系列问题。2024年的政府工作报告围绕新能源做了系列部署，要求"加强大型风电光伏基地和外送通道建设""持续发力跨省跨区大电网建设""推动分布式能源开发利用""提升智慧配电网的主动式消纳能力""发挥煤炭、煤电兜底作用""促进绿电使用和国际互认"，可以说是调动源网荷储各主体，产用储消各环节支撑新能源发展，力度很大。

三是具体部署多点趋同。在科技创新方面，新型电力系统制定了基础性、紧迫性、前瞻性和颠覆性四类重大科技创新技术，并且重视重大科技基础设施和平台建设，强调资源积聚、优势互补、合作共赢的创新机制，做法上契合新质生产力的关键要素。在绿色发展方面，新型电力系统积极服务高质量碳达峰碳中和目标，坚定不移走生态优先、绿色发展之路，以电为纽带，探索绿水青山向金山银山转化的路径，服务沙戈荒地区新能源外送，开展"绿电""绿证""绿色技术"市场化交易，积极落实"做强绿色制造业，发展绿色服务业，壮大绿色能源产业，发展绿色低碳产业和供应链，构建绿色低碳循环经济体系"的新质生产力发展要求。深化改革方面，新型电力系统的送端与受端、供能与储能、需求与响应之间正出现越来越多生产关系的制约。比如，送端出力与受端需求之间不匹配，需求响应资源主体与调用主体之间责权不清、利益不明，用电成本下降难，等等。都需要在发展生产力的同时深化改革，着力打通束缚发展的堵点卡点，建立高标准市场体系，创新生产要素配置方式，让各类先进优质生产要素顺畅流动。

三、能源电力领域发展新质生产力的思路和举措

新质生产力是对马克思主义生产力理论的创新和发展，是马克思主义中国化的又一次生动实践。新质生产力的提出对我国有很强的现实意义。过去我国的经济增长很大程度上依赖资本、土地、劳动力等

要素的大量投入。但进入新发展阶段，我们深刻感受到土地成本在上涨、劳动力成本在上涨、环境约束在增强。当前和未来的增长如果还是大量地依赖这些生产要素的投入，那将是不可持续的，所以要靠创新新技术、新产业、新模式、新机制来驱动发展。作为重资产、重资源投入、劳动密集的能源电力行业而言，更需要将增长的驱动主力由生产要素的大量投入转向生产要素的合理配置和综合使用，通过资源挖潜、技术创新、管理优化、结构调整，将要素配置到更能促进经济发展的方面，使得资源、能源、人力、资金的利用水平得到提高而形成新质生产力。

具体举措上，着重发挥技术优势、人才优势、市场协同优势、产业应用优势，在四个方面加快实践。一是加快颠覆式技术创新，加速绿色低碳科技攻关，不断扩大海洋新能源、新型储能的技术储备，积极与人工智能、量子通信、卫星气象等尖端技术交叉融合，在绿色基础设施、绿色能源装备、绿色服务、绿色金融等领域形成应用场景。二是加快创新型人才引育，加强能源创新人才自主培育，根据科技发展趋势，结合实践应用，培育一批涵盖能源规划、建设、运行等全链条的高层次技术创新人才，对接国家高层级技术专家人才体制，形成良性通道和平台。三是加快适应"有效市场"与"有为政府"相结合的政策机制环境，让科技创新和制度创新更好协同，积极助推电力市场、碳市场的构建和生态的形成。四是加快实施创新技术的实用化、规模化应用，为产业基础再造和重大技术装备攻关赋能，在能源建设运行领域开展机器换人、设备换芯、生产换线、产品换代的推广应用。

作为发展的主力军、排头兵，电力将紧密围绕新质生产力的要求，深化理论认识，转变发展模式，争取发展共识、积聚发展合力，加快发挥新型电力系统发展新质生产力的实质作用，在培育新质生产力的新征程上持续彰显能源电力的基础性、实体性和引领性价值。

发展海洋新质生产力　实现海洋可持续发展

◎叶观琼

（浙江大学海洋学院教授）

习近平总书记历来高度重视海洋资源的开发保护，多次强调"海洋是高质量发展的战略要地"，要"提高海洋开发能力，扩大海洋开发领域，让海洋经济成为新的增长点"。2024年政府工作报告提出，大力发展海洋经济，建设海洋强国。实现海洋经济高质量发展，关键是要形成和发展海洋新质生产力。其中，新质生产力中"新"与"质"两大核心词是提升人类蓝色福祉、实现海洋可持续发展的关键途径。

一、"新"的发展须构建科技教育人才一体化体系

融合和协同创新是海洋新质生产力发展的核心要求。海洋作为覆盖全球70%以上面积的巨大蓝色水体空间，受限于当前科技发展水平，人类对其空间和资源利用不足5%。在全球走向深蓝的时代背景

下，科技创新不仅是探索海洋、维护国家安全的主要途径，更是推动海洋产业高质量发展，打造蓝色经济增长极的核心引擎。然而，海洋环境区别于陆地环境的系列特点对科技创新提出了更高的要求。例如，海洋水体环境的高动力、高盐、高压、低温、高自然灾害暴露度等特点，使得海上风电等清洁能源的利用存在诸多技术瓶颈，需依托空气动力学、水动力学、结构动力学、土动力学、控制学、电学、新材料等多领域，走向深蓝开展协同研发创新。由此，海洋作为现代化科技创新的最大最深的立体应用场景和天然的学科汇聚领域，多学科理论与技术在海洋产业发展过程中的融合创新与协同应用创新是实现技术革命性突破、生产要素创新性高效配置，推动涉海传统产业深度转型升级、新兴产业不断培育壮大的第一动力。

科教人一体化是系统推进海洋领域融合和协同创新的高效途径。党的二十大报告将教育、科技、人才进行一体谋划、一体部署、一体推进，集中体现了我党在开辟马克思主义中国化过程中所秉持的系统观念。海洋领域多学科汇聚，实现融合和协同创新更依赖于科教人一体化建设推进。根据《2020全球海洋科学报告》，我国海洋教育、科技、人才资源约居世界前十，随着海洋强国战略的持续推进，我国海洋科教人资源总量和质量不断提升，但在实践中还存在创新资源配置错位、低效转化等问题。例如在深远海探测与资源利用技术研究领域，我国部分国际领先/先进的探测技术长时间处于样机实验阶段，由于科技与产业人才的不匹配，科技转化渠道的不通畅，导致技术迭代升级条件不充分、效率低下，无法进入市场化应用，错失抢占全球深远海探测利用领域的技术市场的机会。

发展海洋新质生产力，提升科教人资源配置效率。一是加强高校涉海学科专业顶层设计。突破常规学科模式，围绕海洋新质生产力发展关键技术与前瞻领域，例如海洋新材料、海洋仿生、智能感知与探测、海洋信息传输新型能源技术等领域，针对性开展海洋交叉学科体系建设，打破学科壁垒和门户之见，促进多学科交叉融合共同发展，为海洋领域实现融合、协同创新打好学科基础。二是开展海洋科教人资源跨领域、跨区域匹配。构建国家尺度的跨区域政研企创新联合海洋信息资源平台，从更高层次、更大范围统筹配置符合国家海洋新质生产力发展的科教人资源，促进各类创新资源在更大范围优势互补、同频共振，实现教育、科技、人才资源跨领域、跨区域"双跨"最佳匹配。

二、"质"的提升须协调好产业发展与环境保护的关系

海洋是地球最大的污染承载体和气候调节器。沿海经济的发展已经对我省海洋环境造成了严重影响，气候变化导致海洋环境韧性进一步下降。1970以来，我国近80%的沿海地区发生过赤潮灾害事件，其中浙江和广东沿海赤潮面积最大；海水酸化程度加快，海洋表层pH值每10年下降0.017—0.027pH单位；东海缺氧区面积近20年来扩大了近40%，且出现频率逐年增高，持续时间加长；近岸海域浮游植物、浮游动物优势种类发生明显变化，总体出现小型化的趋势。我国近海52个渔场中约40个渔场出现了资源衰退，中国近海渔业资源综合指数近50年下降了1.57倍；典型海洋生态系统珊瑚礁、海草床等生

境丧失比例超过70%，南海离岸的造礁石珊瑚覆盖率从近60%降到了20%以下。

海洋新质生产力的发展必须依赖健康的海洋生态系统。当前全球海洋生产总值贡献率约为3%—4%，近70%的海洋生产总值依赖于健康的海洋生态系统。而新质生产力本身就是绿色生产力，绿色发展就是海洋经济高质量发展的底色。以海上可再生能源开发为例，越来越多的国家开展风牧融合、渔光互补的新型海洋产业发展模式，可再生的能源、可持续的海产品和健康的海洋生态系统成为蓝色经济发展的三大基本要素。因此，须关注海岸带社会—经济—环境可持续发展，科学优化海洋立体空间三维布局，提升海洋资源、环境、产业承载力，实现自然海洋与经济海洋协同可持续发展。

发展海洋新质生产力，发展海洋绿色生产力。一是须加强海洋空间规划顶层设计。海岸带区域作为全球经济集聚热点区域，近海空间利用矛盾冲突多发。临港工业、滩涂养殖、海湾海岛旅游、港口航运、海上工程等产业大部分集聚在近岸10公里以内，形成了产业布局之间的矛盾和产业发展与生态保护之间的多重矛盾。因此，须在陆海统筹、生态保护优先的原则下，开展海洋水体立体三维空间规划，协调减缓各类用途冲突，合理布局多用途的海洋空间，保护生态敏感区域，促进海洋空间的高效利用和海洋资源的可持续利用。二是要加快全面绿色转型，助力碳达峰碳中和。海洋是世界上最大的碳库，海洋产业包括传统的海洋渔业和新兴的海洋新能源产业都是属于气候友好型产业，海洋将是未来气候变化减缓最大的拓展空间。因此，须加快绿色科技创新和先进绿色技术在海洋领域的推广应用。大力发展绿色低碳海洋产业，壮大绿色海洋新能源产业和供应链，构建绿色低碳循环经济体系，大幅提高海洋经济绿色化程度，持续增强发展的潜力和后劲。推动绿色港口建设，发展新能源船舶，建设绿色物流体系；推进潮流能、波浪能、浮式风电和海上能源岛等新能源和清洁能源产业发展；发展海洋牧场，构建"绿色经济＋蓝色粮仓"的新旧动能发展新模式。

发展海洋新质生产力，加强国际交流合作。海洋新质生产力的发展不仅关乎国家的经济增长，更是全球海洋治理和可持续发展的重要组成部分。通过加强国际合作，共享海洋科技研发成果，可以有效提升我国海洋新质生产力的发展水平，加强我国在全球海洋治理中的影响力，为海洋经济的可持续发展提供国际支持。联合国《海洋科学促进可持续发展十年》的发布，提供了一个促进国际交流与合作的平台，该计划旨在通过科学解决方案促进海洋的可持续发展，这与我国发展海洋新质生产力的目标不谋而合。我国积极参与"海洋十年"的行动，通过国际合作中心的建立和运行，深化与各国在海洋科技创新、蓝色经济发展、生态保护修复、海洋政策研究等领域的务实合作，为全球海洋治理贡献中国智慧和中国方案。

海洋新质生产力强调通过技术突破、生产要素创新性配置以及产业深度转型升级，实现海洋资源的高效利用和海洋产业的高质量发展。它不仅要求我们在科技创新、人才培养、教育改革上持续发力，还要求我们坚持绿色发展理念，推动产业转型升级，加强国际交流合作。发展海洋新质生产力，构建现代化海洋产业体系，为建设海洋强国和美丽中国贡献力量。

以科技金融"活水"
助推新质生产力加快发展

◎ 邹新月　蔡卫星

(广东财经大学副校长；广东财经大学金融学院院长)

新质生产力是高水平科技创新在其中发挥主导作用的生产力，具备高效能，体现高质量，是摆脱了传统增长路径、符合高质量发展要求的生产力。科技金融是驱动新质生产力发展的关键力量。

新质生产力发展是实现高水平科技自立自强的关键抓手，具有两个非常鲜明的特征：一是从整体上看，呈现高技术、高投入、高风险、高收益、长周期的"四高一长"特点。以生物医药产业科技创新为例，业内通常用"三个十"定律来形容创新研发的难度，即十亿美元投入、十年研发周期、十分之一成功率；二是从内部结构来看，最具创新性的突破往往来自初创企业和小企业，大企业往往是通过收购推动技术的产业化，这一点很容易被忽略掉。由此来看，当前广东科技金融支持新质生产力发展，主要存在以下不足：一是服务源头创新的天使投资体系不全；二是作为主力的科技信贷配置效率不高；三是定位中坚的资本市场精准度不够；四是作为保障的科技保险发展水平不高。

科技金融是赋能新质生产力发展的"活水"，关键要充分发挥"四支箭"的作用。具体来说：一是要加快构建天使投资生态体系，充分发挥"穿云箭"的引领作用；二是要积极创新科技信贷服务体系，有效发挥"攻城箭"的主力军作用；三是要用足用好资本市场股权和债券工具，持续发挥"穿杨箭"的精准作用；四是要大力发展科技保险，不断发挥"保障箭"的风险分担作用。

一、加快构建天使投资生态体系，充分发挥"穿云箭"的引领作用

天使投资是科学家创业的"最初一公里"，是培植诞生前沿技术、原创技术的必要条件，具体来说，主要可以从以下几个方面发力：

第一，搭建天使投资朋友圈，强化天使资金供给，构建"1+N"梯次天使投资体系。一是统筹设立广东省天使母基金，采用"直投+母子"模式，以市场化为主；二是设立N个不同创新模式的天使子基金。子基金模式包括但不限于：围绕龙头企业联合设立，围绕广东优势领域和需要延链补链强链的细分领域设立，围绕招商引资设立，围绕头部投资机构设立；三是鼓励链长企业设立天使子基金。发挥龙头企业的产业链链长作用，鼓励链长企业参与设立与其细分产业链相关的天使子基金，通过子基金参股投资的运作方式来投早、投小。

第二，强化政府引导基金投早投小投科技，着重构建激励容错机

制，优化完善国资国企投资评价体系。一是构建以综合收益为导向的长效激励约束机制，破除按照单一子基金或单一项目盈亏作为考核评价依据，以母基金整体综合收益和生命周期进行，不将正常投资风险作为追责依据；二是构建具有针对性的容错机制。对于探索性创新且严格遵循投资决策流程，由不可抗力导致损失或无失职行为的，免于追责。母基金层面，若母基金较好实现了政策目标，可对于基金总体投资额设定一定比例的投资损失免于追责，直投基金和子基金层面，允许生物医药直投基金和子基金一定程度的投资金额失败容错率，着力解决基金不敢投的问题；三是优化国资投资考核评价周期和体系。针对天使基金长周期特性，制定长期的母子基金分级考核机制，短期内弱化或者不将现金回流、营收利润作为考核指标。围绕产业技术创新附加值高、创新力强、外溢性高、人才国际化等特点，构建对于投资活动相关的投前、投中、投后全覆盖的国资投资风控体系和配套制度。

第三，完善畅通退出机制，加快构建S基金，提升广东股权交易中心的活跃度，为扩充资金来源和激发投资意愿提供有力保障。一是完善母基金退出机制。鼓励母基金根据政策让利退出子基金，按照母基金管理办法定价，免于资产评估和产权交易市场公开挂牌转让，鼓励子基金出资人受让母基金拟退出份额；二是完善子基金退出机制。优化投后管理，赋能被投企业发展，引导子基金通过股权转让、IPO、回购等形式退出；三是加大力度鼓励S基金发展。支持S基金设立，推动S基金交易所发展，完善国企参与S基金的定价指引，引导培育S基金生态圈；四是充分发挥广东股权投资和创业投资基金份额转让试点作用，提升专业机构参与度，推动私募股权二手份额交易量进一步释放，畅通 VC/PE 行业退出渠道。

二、积极创新科技信贷服务体系，有效发挥"攻城箭"的主力军作用

在当前我国以直接融资为主的金融体系结构下，科技信贷依然是支持新质生产力发展的主力军，重点是加快科技信贷产品和服务创新，主要集中在以下几个方面：

第一，鼓励银行支持投早投小创新。尤其是融资支持方式和方法创新，对好的做法进行复制推广，建立起符合科创企业全生命周期需求的产品体系，探索建立基于认股选择权、知识产权、高层次人才等为基础的信贷支持产品，通过健全"担保＋保险"风险缓释机制，有效匹配银行机构自身收益及风险。

第二，鼓励商业银行设立科技支行。配置相应的风险补偿金和支持政策，同时引导商业银行总行（分行）给予科技支行政策和权限倾斜，配置复合型专业人才，灵活匹配符合区域特征审批权限，减少审批层级，基于专业角度评估，提高初创期项目的风险识别能力和容忍度。

第三，加强科技信贷激励考核。一方面，用足用好科技创新再贷款等货币政策工具，联动政府贴息等财政支持组合，增强金融机构加大科技信贷投放的激励力度；另一方面，借鉴以往有效方式，将科技信贷占比和科技信贷首贷户覆盖数量作为商业银行的监管考核指标，

确保科技企业资金需求主渠道畅通。

三、用足用好资本市场股权和债券工具，持续发挥"穿杨箭"的精准作用

从国外成熟市场来看，资本市场具有风险共担、利益共享机制，契合科技创新"迭代快、风险高、轻资产"等特征，有效精准赋能科技成果转化，主要工作包括：

第一，以注册制改革为契机推动广东科技企业上市融资。加强与上海证券交易所、深圳证券交易所、北京证券交易所等全国性证券市场板块间的合作，加快制定广东科创企业上市领头羊三年行动计划，精准扶持科技创新龙头企业、专精特新企业，力争在三年内推动广东科创板上市公司数量跃居全国第一。

第二，抓住科技创新公司债券发展契机支持科技企业发债。利用监管机构推动科技创新公司债的窗口机遇期，加强与交易所的联动力度，从扩大科技型企业发债规模、丰富科创类债券产品、优化科创型企业发债融资环境等方面，引导广东科技企业利用债券市场融资。

四、大力发展科技保险，不断发挥"保障箭"的风险分担作用

科技创新活动是一个存在高度不确定性的过程，存在很多不可预测的过程，急需保险在科技创新活动中发挥风险分担、补偿和管理的

独特作用，主要着力点包括：

第一，鼓励在粤保险公司积极开展科技保险创新。 聚焦科技企业创新活动全过程，从科技企业产品研发、知识产权保护、贷款保证、关键研发人员健康和意外风险保障等多个方面，不断开发新型保险产品，不断提高科技企业创新活动的风险保障水平。探索在粤设立专业科技保险公司的可行性，鼓励保险公司建立科技保险专营部门。

第二，推动保险与其他金融支持手段协同发力。 探索"保险+"机制，强化保险与其他金融的联动安排。发挥保险资金长期性、稳定性优势，支持保险资金以及符合条件的资产管理产品在合规前提下投向各类创业投资基金、股权投资基金、产业引导基金等；鼓励保险与融资担保等积极合作，充分发挥保险在经济补偿、征信、资金融通等方面的优势。

激活数据要素潜能　发展新质生产力

◎姜奇平

(中国社会科学院信息化研究中心主任、数量经济与技术经济所研究员)

"新质生产力"的提出，凸显了科技创新的主导作用，数字科技在其中尤为重要，最能体现时代特征。当前新一代数字技术迅猛发展，云计算、大数据、物联网、移动互联网、通用人工智能等数字技术获得广泛应用，区块链、扩展现实、数字孪生、量子计算等新一批数字技术积蓄成势。面向未来，激活数据要素潜能，将成为"整合科技创新资源，引领发展战略性新兴产业和未来产业，加快形成新质生产力"的重要途径。

研究发现，数据作为新质生产力的核心要素，具有通用、复用的独有特征；充分激活数据潜能，有利于在高质量发展中提高做优效率，在现代化产业体系中优化附加值结构，在生态化市场体系中优化制度环境并释放数字化红利。

一、激活数据要素潜能,在"做大做强"基础上实现"做优"

新质生产力的"质",从技术角度看主要是指效率的性质。数字时代新质生产力与工业时代新质生产力相比,效率的性质有所不同。全要素生产率中的技术,以往一直被默认为只有一种工业技术。效率概念本身也一直被默认为专业化效率,它在现实中构成做大做强的效率基础。笔者认为,与专业化效率并列的,还有多样化效率,即做优的效率。因此,"整合科技创新资源",如果放在以数据为核心生产要素的新科技上,可以把效率的发力点在"做大做强"基础上升级为"做优"。这正体现了新质生产力在数字时代与工业时代的不同特征。

新质生产力是人类开发利用物质、能源和信息三大资源创造价值的根本能力。在三大资源中,生产力的新质,不仅表现在新质材料、新质能源的开发上,更表现在新质数据的生成中。在数字时代,数据生产力是新质生产力的核心,主要指在质上提升生产力,以解决人类需求的多样性、无限性和自然资源使用过程中的有限性之间的矛盾。[1]它是与质量、创新、体验联系在一起的生产力。[2]

数字科技中的新质生产力以多样化效率为特征,提高的主要是质

---

[1] 周延云、李琪:《生产力的新质态:信息生产力》,《生产力研究》2006年第7期。
[2] 左鹏飞、姜奇平:《数字经济学:宏观经济卷》,中国财富出版社2022年版。

的效率，多样化就是指质的多样化。因此，我们在定义数字经济时，需要把多样性效率（亦称多样化效率），作为全要素生产率中技术的新内涵，这是数字科技作为新质生产力对全要素生产率最具特色的影响。从效率的效益上区分，就是有别于规模报酬递增的范围报酬递增。

多样化最早由亚当·斯密提出，与专业化相并列，作为分工的两个相反方向之一。他认为，专业化实现市场规模的扩大，多样化实现市场范围的增加，后人分别称其为规模经济与范围经济。经济规模的扩张，表现为量的扩张；而质的扩展，表现为范围，亦可以理解为人的个性选择范围（体验）、供给选项范围（创新）的扩张。激活数据要素潜能，可以降低选择多样化的成本，提高选择多样化的效率。例如，电子商务明显增加了用户的选择，就是这种规律在起作用。

对全要素生产率来说，数据的作用机理与技术的作用机理类似，都是通过作用于主体生产要素（资本、劳动等）——如将技术作为资本的系数，或将技术作为劳动的系数而提高效率。我们可以把以往的技术理解为专业化效率技术；而把数据理解为一种特殊的"技术"，即多样化效率技术。在国家数据局即将推出的"数据要素×"三年行动计划中，数据要素的"乘数效应"就是通过提高劳动、资本等其他要素的投入产出效率而实现的。其多样化效率体现在，数据要素通过多场景应用、多主体复用，创造多样化的价值增量，从而提高劳动、资本等其他要素的投入产出效率，并在多次使用中突破传统资源要素约束条件下的产出极限（如生产可能性边界，production-possibility frontier，PPF），不断提升数据质量，拓展经济增长新空间。

数据要素所创造的价值只有在使用中才能得到充分实现。激活数据要素潜能，需要将价值创造与价值实现联系在一起，"乘"就是把二者联系在一起的方式。数据要素是中间产品，应用是最终产品，一个中间产品的作用在无数最终产品的价值中体现出来，这种一对多的关系，就是乘法的作用。通过"乘"，一是促进了数据使用价值复用与充分利用；二是促进了数据合规高效流通使用，赋能实体经济；三是推动了数据要素收益向数据价值和使用价值的创造者合理倾斜。

与此同时，"数据要素×"可以衍生出多种多样的实践形式，我们应鼓励探索与创新释放新质生产力潜力的相关实践。一方面，**数据要素可以乘以行业应用**，形成"数据×行业"，通过数据乘农业、数据乘制造业、数据乘服务业等，赋能实体经济。例如，茂名邮政建立"数字链农产业联合体"，利用销售数据分析寻找目标市场，开展全国"万人拼团"等活动；在此基础上，建立农业农村数据库，以整村授信的方式，推出信用户专属信用贷款，为农业赋能。另一方面，**数据要素可以乘以企业应用**，形成"平台×应用"，即平台企业基础业务与平台内企业增值应用相乘，采用数据要素提供本身不收费，但按照使用效果收费的有偿共享模式，即将数据要素以流量共享、流量转化等形式直接赋能于应用企业，再从有收益的应用中获取会员费、使用费。也即将数据资产定价，从产前转向产后，进而通过应用为数据要素间接定价，在促进数据使用价值复用与充分利用中，消除数据交易所定价中"贝塔值"的不确定性。

二、激活数据要素潜能，优化产业结构

以数据要素为主的新质生产力是数字时代的先进生产力。这种生产力的动能，将通过新产业的涌现而释放，可以在现代化产业体系中战略性新兴产业与未来产业比重的增加上观察到。新质生产力对产业的形塑，主要表现在功能替代、组织替代与生产方式替代上。

首先，以物质、能源为主要功能载体的传统产业，转变为以数据为主要功能载体的全新的产品、生产资料、零部件和原材料，形成高附加值产业。新质生产力利用知识、技术、管理、数据等新型生产要素替代传统的有形生产要素，减少了对生态环境的损害。通过数据的功能替代，降低了自然资源和能源投入，使经济增长摆脱有形生产要素驱动的制约，例如新能源汽车以电池、数控系统替代了燃油汽车中发动机、变速箱的同等功能，新电子设备将工业设备升级为信息设备。其次，数字科技导致产业组织方式发生根本变革，从明显受时空条件制约的传统产业，转为以虚拟要素的快速多变排列组合形成的现代产业，加速了生产要素的有效流动，并形成以流量变现为特点的流量空间，以平台加应用为经营形式的新业态，促进了产业的生态化转型。再次，促进了产业生产方式转变。颠覆性技术中有很多是通用目的技术，具有强大的赋能作用。人工智能技术使生产的效率、精度、良品率都显著提高。新质生产力激发了过去未能满足的潜在需求，开辟了新的市场，带来新的产业增长空间。

中国即将迎来"十五五"规划，明确新质生产力所引导的产业规

划方向具有重要现实意义。当前，中国产业的结构优化程度，与高质量发展的要求之间还有相当差距。例如，中国服务业的GDP占比在55%左右，与世界平均水平65%相差了10个百分点；生产性服务业在服务业中占比，与发达国家还有10个百分点以上的差距。要缩小这种差距，亟待建立现代化产业体系。因此，研究新质生产力，需要聚焦于优化产业结构。而与传统产业的增长主要依靠有形要素不同，以数据要素为核心的新质生产力，将主要通过无形要素驱动，拓展新的产业领域。

（一）在战略性新兴产业中发展新质生产力

战略性新兴产业，包括新一代信息技术、生物技术、新能源、新材料、高端装备、新能源汽车、绿色环保以及航空航天、海洋装备等。2022年，我国战略性新兴产业增加值占国内生产总值比重超过13%，其中规模以上工业战略性新兴产业增加值增速快于规模以上工业增加值增速。[①]战略性新兴产业处在科技和经济发展前沿，对经济社会的长远发展具有重大引领作用，在很大程度上决定着一个国家或地区的综合实力特别是核心竞争力。发展战略性新兴产业，需要对战略方向有明确判断，以顺应国际竞争形势，争取战略主动。国际上的战略性新兴产业，如新能源、新材料、先进制造、电子信息等产业，无一不是以新质生产力为支撑。因此，在发展新质生产力过程中，一

---

① 政武经：《加快形成新质生产力（人民要论）》，《人民日报》2023年11月9日。

定要高度重视信息生产力对数字产业化与产业数字化的战略性支撑作用。

"十五五"期间,我国尤其要把数据基础设施摆在各项基础设施建设的首位。数字基础设施(Digtai Infrastruture)是指为支撑信息通信技术应用而建设和部署的物理或虚拟的云化资产、网络连接和数据处理能力,以及为上层应用提供数据输入、处理和输出的能力,包括云计算设施、通信网络设施(包括卫星网络设施)、数据中心设施、大数据设施、通用人工智能设施、信息安全设施等。未来数字基础设施建设应更加注重人工智能和物联网的融合,提升算法与算力水平。对于互联网服务等战略性新兴产业,也应保护其生产力发展,进一步发挥这类战略性新兴产业对现代化产业体系建设的引领带动作用,使之进入世界领先位置并助推中国成为所在领域最大的经济体,进而服务于未来国际竞争的大局。

(二)在支持未来产业中发展新质生产力

未来产业是指由处于探索期的前沿技术所推动,以满足经济社会不断升级的需求为目标,代表科技和产业长期发展方向,会在未来发展成熟和实现产业转化,对国民经济具有重要支撑和带动作用,但当前尚处于孕育孵化阶段的新兴产业,具体包括类脑智能、量子信息、基因技术、未来网络、深海空天开发、氢能与储能等。

1. 转变不适应新质生产力发展的传统观念

其一,判断什么是未来产业,不能单纯以生产者为中心,而要从市场规律和需求出发,把握总体趋势。比如,不少老工业区的发展远慢于沿海地区甚至慢中西部地区半拍。老工业区发展困难，一个重要原因在于缺乏未来产业。从结构上看，老工业区的产业结构通常落后于社会需求结构，生产出来的产品与需求存在较大错位，容易形成恶性循环。现代化产业体系是收入发展到较高阶段的产业体系。单纯的温饱需求，已经不足以支撑产业体系的现代化升级。随着我国人均收入的提高，一定会引发需求从弹性较低的衣食住行等刚性需求，向弹性较高的差异化个性需求转型，从而促进产业结构优化升级。发展新质生产力，从这种意义上说，应当以新质需求为前提和导向，发掘未来市场。

其二，判断什么是未来产业，还需要解决一些涉及深层实践的理论问题。比如，发展服务业，实现传统产业的服务化、数字化升级，到底是生产性的，还是非生产性的？这样的问题涉及对生产力性质变化的新理解。那种认为只有大量消耗物质、能源的产业，才是实体经济的观念，已不适应新质生产力的发展需要。新质生产力不仅包含科技创新，也包含市场创新，是生产要素和生产条件的全新组合。数据要素充分发挥作用，不仅可以作用于生产性服务业，也可以促进文化与内容产业的繁荣，这些都属于朝阳产业的范围。

其三，对未来产业的判断，也涉及对生产力深层本质的再认识。传统需求以物质需求为主，传统产业发展主要为了满足人们的生存发展需求。而新质需求增加了对满足美好生活向往的新需求，包括文化需求、精神需求、个性化自我实现需求等。新质生产力推动发展的未来产业，往往是物质含量低而意义含量高的产业。发展新质生产力，尤其要避免生产者中心倾向，避免产学研用脱节。要以需求的质，作为供给的质的导向。新质最重要的质，是价值上的质。新质意味着价值重心发生变化，从以物体价值（功能价值）、交换价值（钱的价值）为质的重心，渐渐转向以意义价值（人的价值）为质的重心，要"以人为本"地发展新质生产力。

未来不管是哪种发展态势，在形式上一定都向着更加无形化的方向发展。科技是无形的，数据是无形的，对未来产业发展来说，凡是以符号就能实现原来实体可以实现的功能、目的，就不必进行物质、能源上的无谓消耗。社会发展的整体趋势应该是，在物质、能源消耗上做减法、除法，在信息增值上做加法、乘法。但这些还都只是形式上的。价值上的根本变化在于，以无形为符号，呈现意义的存在。比科技价值更重要的是，现代产业体系应以意义（美好生活）为主要线索开展生产，而不能再以传统价值为主要线索决定未来生产什么。当然，强调未来价值，也要正确处理其与传统价值的关系，应把传统价值作为基础价值，与未来的主导价值结合起来。

2. 东中西地区都需要抓住数据要素倍乘机遇，以新质生产力发展未来产业

数据作为新型生产要素，能够多场景应用，多主体复用，提高劳动、资本等其他要素的投入产出效率。通过"数据要素×"，可以发挥数据要素对于最终应用的倍乘与放大作用，优化资源配置与社会分配，进而实现经济增长与人的全面发展。

（1）西部地区与老工业区的未来产业

新质生产力这个概念，是习近平总书记在新时代推动东北全面振兴座谈会上提出的。对老工业区来说，科技创新同样面临路径选择，工业技术的科技创新与数字技术的科技创新,同属科技创新。那么,老工业区发展新质生产力,是否可以选择数字技术的科技创新为突破方向呢?老工业区的现有产业结构,在现代化程度上本来就落后于东部地区,"十五五"期间,是先追上东部地区现有产业结构,还是争取实现跨越式发展未来产业?这些都是亟待探讨的问题。西部地区与老工业区在"十五五"期间,可以抓住数据要素倍乘机遇,有重点地选择未来产业,跨越式发展新质生产力。这样的发展选择有两个实践依据:其一,历史上东北也产生过东软集团等善于把握当时未来产业的优秀企业,沈阳在发展数控机床上一直具有比较优势。这说明老工业区发展新质生产力,不一定非跟在东部地区后面作第二梯队。当前,跟上人工智能浪潮,有重点地布局智能制造服务业,也许是新的机会。其二,贵阳近年来从传统农区跨越式进入数字化发展新阶段就提供了一个很好的启示,现代化产业体系不一定非得按照一二三产业先后顺序确定突破发展方向。

(2) 沿海地区的未来产业

对沿海地区来说,未来产业可能需要超前布局,以新质生产力培育具有潜在需求的未来产业。当前,沿海地区正在加快寻求数字技术赋能,发挥数据要素倍乘效应,智能制造新场景、新方案、新模式不断涌现。沿海地区特别是长三角、珠三角地区,具有世界一流的制造业产业集群,"十五五"期间,这些产业集群的升级,不能仅仅局限于产业链的整合,更应着眼于以高附加值为目标,进行价值链、价值网络的延伸与升级。比如,沿海地区在推进"数据要素×"三年行动计划中,可以沿着微笑曲线提升新价值空间,大力发展与制造业结合紧密的生产性服务业，在追赶发达国家现代化产业体系过程中，挖掘新增长空间。面向未来潜在需求，在人工智能、量子信息、基因技术、未来网络、深海空天开发、氢能与储能等前沿科技和产业变革领域，新质生产力发展将有更大的空间。

（3）中部地区的未来产业

中部地区当前也在积极推动传统产业向高端化、智能化、绿色化转型发展。"十五五"期间，中部地区以未来产业为突破方向发展新质生产力，可以选择不同于东部地区的定位。以智能制造为例，同是利用"数据要素×"，中部地区可以倍乘生产力。其中，有武藏曲线与微笑曲线两种选择。武藏曲线的重心在于发展制造业服务化，增加的产值落在第二产业内部，是第二产业的内部升级；而微笑曲线的重心在于发展生产性服务业，增加的产值落在第三产业，是从第二产业内部发展出独立的服务业。鉴于武藏曲线对应的发展阶段（日本是在20世纪七八十年代）比微笑曲线对应的发展阶段（我国台湾地区是在20世纪90年代后期），更接近中部地区发展实际，中部地区定位于制造业服务化发展增值价值链，似乎更能体现循序渐进的发展特点。

当然，我们也不排除工业基础较好和科技、教育条件较完备的中部地区乃至西部地区，可以超前布局。如果中部地区以超越东部地区为目标布局未来产业，就需要考虑东部地区可能存在的战略盲区在哪里。以充分利用数据要素这种新型生产要素作为规划重心这一点来说，现在东部地区的一些规划思路说不上领先，不少地方还有"落后"之处。比如，一些工业集群重镇的第一反应，还停留在"数据变钱"这种传统的工业时代思路上。如果中部地区能够把握住国家推出的新政策，重心在"复用"，进而理解数据交易与数据交互区分中隐含的战略深意以及"数据二十条"的初衷，就存在以乘法（数据要素×）超越东部地区做加法（互联网＋）的可能性。中部地区要实现超越，需要拿出类似历史上山西创新出票号制度的魄力。举例来说，国家目前出台规范实施政府和社会资本合作（PPP）新机制的指导意见，中部地区如果意识到在数据要素复用条件下，解决地方债的重心在于利用数据基础设施，复用数字化生产资料以解决资金难题，从而培育中小企业作为新的税基与"费基"，就可能超越一些东部地区简单地在固定资产投资和金融本身（如把土地财政变成数据财政）上做文章的旧思路。

三、激活数据要素潜能，释放制度红利

新质生产力还需要有关于生产关系与经济制度方面的利益考量。科技是中性的，但生产力却不是，因为它会决定生产关系的变化方向，影响社会利益关系的变化走向。发展新质生产力，还需要有合适的环境与制度与之配套，才可能相得益彰。

（一）新质生产力包含的潜在制度经济学逻辑

当我们把作为通用目的技术的数据要素置于新质生产力的核心时，可以从制度经济学的角度将旧质与新质在技术基础上的区别，理解为专用目的技术与通用目的技术的区别。

生产力决定生产关系的逻辑，在制度经济学中突出表现为技术与

资本的逻辑关系。威廉姆森在《资本主义经济制度》中认为工业化逻辑在于，技术专用性决定资产专用性，或者说，专用目的技术决定专用目的资产。而对数字化来说，这一逻辑则转变为：技术通用性决定资产通用性，或者说，通用目的技术决定通用目的资产（国家发改委称"通用性资产"[①]）。威廉姆森对通用目的技术的解释，是指能够被多样化地应用或通用于多样化用途上的技术。这与我们对数字化技术的理解是相通的，都是对于多样化效率的实现具有通用性的基础技术。

而我国发改委提出的通用性资产的"通用"，还多了一层"复用"的含义，数据要素是典型的通用性资产。在国家数据局即将推出的"数据要素×"计划中，复用即指在任一时间（如同一时间）用于不同地点（场景）和不同主体。与旧质生产力不同，新质生产力可以在数据要素上做乘法。新质生产力以信息生产力为核心与先导，以数据为新型生产要素，将对宏观经济理论和政策产生重要影响。例如，生产力上的复用将催生生产关系上共享发展的制度取向。从中释放的多样化红利将有利于缩小数字鸿沟，缓解社会利益矛盾。为此，需要大力推进所有权与使用权分离（包括三权分置）的改革，进一步解放新质生产力，尤其要在制度环境建设上，打破那些阻碍资源要素实现通用、复用的制度障碍。在"十五五"期间，有必要推动形成实体两权合一与数据两权分离的产权"双轨制"，形成中国式现代化的未来产

[①]《国家发展改革委　中央网信办印发〈关于推进"上云用数赋智"行动培育新经济发展实施方案〉的通知》（发改高技〔2020〕552号），https://www.gov.cn／zhengce／zhengceku/2020-04／10／content__5501163.htm。

权路径。

（二）建设生态化市场体系，发挥数据主导作用

数据不是孤立存在的，新质生产力也有其特定的存在环境，它们对环境本身包括市场环境也将产生深刻的影响。数据这种新质对于环境来说，意味着外部性。数据外部性，通过流量外部性、网络效应等形式表现出强烈的互补特征，与实体的互替特征形成对比。"市场环境"这一概念也将随之发生变化，进而使"在市场体系中优化发展环境"这一发展新质生产力的任务，衍生为"在生态化市场体系中优化发展环境"。

当下对数据要素市场化来说，一方面，要发挥市场在资源配置方面的决定性作用；另一方面，要发挥生态在资源配置方面的主导性作用。数据要素市场既要承担数据交易功能，也要承担数据交互功能。正如江小涓教授所指出，"'场内（数据）交易'和'场外（数据）交互'并重，除了关注数交所之外，社会层面、企业层面对数据交互这种数据要素发挥作用的形态也要加强关注"。[①]这意味着，有的数据适合在市场中直接交易，有的数据更适合在生态机制（共同体）中交互与共享，这是新质生产力发展呈现的一个特殊规律。同时，要充分考虑数据交互共享对社会分配产生的影响。而传统意义上市场体系中的"市场"，是指科斯型市场（又称"单边市场"）。科斯型市场的主

[①] 《逾100万家教商企业崛起 中国如何发挥数据"乘数作用"？》，中国新闻网2023年11月25日，https://www.chinanews.com/cj/2023/11-25/10117843.shtml。

要特征，是以产权明晰的商品为交易对象，将外部性排除出市场之外，交由其他机制（如公共产品机制）处理。但数据要素市场（双边市场）是一个反科斯型市场。梯若尔明确指出，"科斯定理无效是'双边性'的必要非充分条件"。[①]埃文斯也指出，"市场是双边的必要条件是科斯定理并不适用于双方之间的交易"。[②]双边市场与单边市场的主要区别正在于，前者将外部性作为市场交换的主要内容，以会员费和使用费作为外部性的市场回报。

有鉴于此，我们可以用"生态"这一概念专指对外部性进行交易的市场，将数据要素的市场环境拓展到生态化市场环境，并将生态化市场环境区分为市场（单边）与生态（双边）两部分。适合在市场中交易的数据，是有形化的、排除外部性之后的数据（即有形的无形资产）；适合在生态（如平台—应用）中交易的数据，是彻底无形化的、带有外部性的数据（即无形的无形资产）。由于有形化的数据只占数据的一小部分，因此市场的决定性作用，在此可以理解为基础性作用；而主导性作用，则应主要由生态来承担，分别以等价交换（按所有权收费）与有偿共享（按使用权收费）两种市场化、商业化方式运作。

为新质生产力发展提供良好的制度环境，最主要的制度改进是推进两权分离、三权分置改革，即把不可从所有权上辨析出来的财产权

[①] 让·梯若尔：《创新、竞争与平台经济》，寇宗来、张艳华译，法律出版社2017年版，第76页。
[②] 戴维·S.埃文斯：《平台经济学：多边平台产业论文集》，周勤、赵驰译，经济科学出版社2016年版，第5—6页。

利（数据外部性），与可以从所有权上辨析出来的财产权利（可有形划入资产负债表的资产），分别纳入两类不同市场机制。其中，重点要解放新质生产力中可以外部性复用的部分，以避免它因为不具备后者的所有权条件（通过买卖转移所有权）而无法流通使用，从而造成资源浪费。

（三）以新质生产力提高活劳动要素收入能力

新质生产力的发展，还需要不断调整生产关系，以激发社会生产力发展活力，促进社会公平。新质生产力带来的变革，提出了发展与改革的命题。围绕创新驱动的体制机制变革至关重要。

数据作为新型生产要素的一大不同在于，它可以使其他主体要素——资本、劳动的作用倍乘。乘在资本上，可以让资本价值倍乘；乘在劳动上，可以让劳动价值倍乘。历史上增进资本作用的制度设计比较常见，工业化每一次生产力的发展，总是首先让资本获益，而新质生产力通过倍乘活劳动来提高自身效率。数据要素倍乘劳动要素，可以将普通的劳动转化为人力资本，从而在获得劳动报酬的同时，获得要素收入作为剩余回报。当然，这并不是必然的，还取决于关于制度的社会选择是令智能技术有偏于资本，还是有偏于劳动。中国在这方面可以进行有别于西方国家的中国式现代化的制度选择。制度设计的激励重心应从资本转向劳动，从而产生有利于缩小贫富差距的"多样性红利"，[1]将更多剩余分配给劳动而非资本。

斯科特·佩奇将技术效率按偏向主体的不同分为两大类，用"能力与多样性"概括。能力对应的是专业化，与同质化、专业化相联系的主体是有"能力"的人，即精英。而多样性对应多样化，与多样化相联系的主体是草根、群众、劳动者。他提出"多样性优于同质性定理"："如果两个问题解决者集合都只包含了个体能力相等的问题解决者，并且第一个集合中的问题解决者是同质性的，第二个集合中的问题解决者是多样性的，那么平均而言，它们的局部最优解将会有所不同，而且由多样性问题解决者组成的集合将优于由同质性问题解决者组成的集合。"[2]这个结论同样适用于信息技术，因为多样性优于同质性（包括自动化、专业化）的前提条件，是工业化已完成的经济体的主要问题，从解决大规模制造（简单性任务）转向解决多样化服务（复杂性任务）。与多样性最匹配的是"复杂性任务"，[3]对劳动密集的服务化来说，多样性中孕育劳动者红利。

当擅长提高多样化效率的信息技术与劳动结合的时候，降低多样化成本将会带来劳动特有的多样化产出的增加，由此产生"多样性红利"。按佩奇的说法，大众具有"多样性"（如解决方案多样性）这一优于精英的优势。支持有效需求的高收入，取决于多样性红利机会的广泛出现，兼职类工作就是典型的多样性红利机会。在智能经济条件

---

[1] 斯科特·佩奇：《多样性红利：工作与生活中极具价值的认知工具》，贾拥民译，浙江教育出版社2018年版。
[2] 同上。
[3] 同上。

下，这种机会一定会发展为以多样性、高收入为标志的增值应用业态的广泛出现。比如，在苹果商店中，App开发者分成比例高达85%，远远超过资方的15%，这已成为美国当前行情。中国一旦出现这种趋势，意味着逆转两极分化的多样性红利，就会从经济中自然而然出现。多样性红利的原理在于，通过改变（不可数字孪生、复用的）劳动与（可以数字孪生、复用的）资本相对于使用的稀缺关系，改变剩余的流向，从而不依赖福利政策实现共同富裕。这是新质生产力的运行规律，政府顺势而为，就可以用"少得多"的财政资源，实现同样水平的共享发展、共同富裕的目标。

当下加快形成新质生产力，政策的着力点有五。一要把提高劳动者素质和劳动要素收入摆在首位，按照人力资本要求，释放多样性红利，培育适应新质生产力发展的新型劳动者。二要全面激活科技创新与市场创新，让新质生产力在产业发展中全面发挥作用，就要把高度依赖研究投入的创新与高度依赖营商环境的创新结合起来，创造适应新质生产力发展的社会生态环境，把政府与市场的作用有效结合起来。三要大力推进数据基础设施建设，包括构建适应新质生产力发展的大型科学装置和公共科研平台，推进"连接＋算力"基础设施高质量发展，推动传统基础设施的数字化转型，加强适应人的全面发展的公共服务设施、生态基础设施、商业基础设施、应用基础设施等多层次的基础设施建设。四要深化以所有权与使用权分离为核心的产权机制改革，探索建立生产资料管理新制度，培育生产要素供给新方式。五要促进适应数据要素市场化的国内外开放体系建设，促进资本、数据等关键生产要素充分流动，构建网络空间命运共同体。

科学把握新质生产力的发展趋向

◎杨丹辉

（中国社会科学院工业经济研究所二级研究员，
中国社会科学院大学应用经济学院博导）

当前，新一轮科技革命和产业变革深入发展，新科技、新产业、新业态、新商业模式正在重塑生产方式和经济体系，生产力的内涵和外延随之发生深刻变化。新质生产力概念的提出立足中国实践，拓展了生产力的内涵和外延，丰富深化了马克思主义政治经济学生产力理论，为以新质生产力支撑现代化产业体系构建、助力高质量发展提供了理论依据和路径选择。

一、新质生产力的四个发展趋向

进入新发展阶段，我国科技综合实力显著提升，战略性新兴产业快速发展，未来产业新赛道不断涌现，带动生产力发展规模和水平由量变到质变，实现能级跃升，新质生产力成为引领中国经济高质量发展的新引擎。

第一，能源转型和基础设施更新加快。历次工业革命都伴随着能源结构转变和基础设施升级换代，是解放生产力的先决条件之一。从煤炭到石油再到多元化清洁化能源供给，从"铁公机"、电报电话、互联网宽带到5G基站、特高压、城际高速铁路和城市轨道交通、新能源汽车充电桩、大数据中心、人工智能、工业互联网……近年来我国可再生能源和新型基础设施投资规模持续扩大，能源转型和基础设施更新驶入快车道。截至2022年底，全国可再生能源发电累计装机容量12.13亿千瓦，同比增长14.1%，占电力总装机容量的47.3%，2022年全国可再生能源发电量占比达到30.8%。[①]可再生能源对化石能源的替代使其成为带动传统生产力向新质生产力跃迁的先行领域。国家统计局数据显示，2023年上半年，新基建投资同比增长16.2%。其中，5G、数据中心等信息类项目投资增长13.1%，工业互联网、智慧交通等融合类新基建投资增速高达34.1%。"十四五"时期新基建投资规模有望达到15万亿元。另据工业和信息化部统计，截至2023年8月，全国在用数据中心机架总规模超过760万标准机架，算力总规模达到每秒1.97万亿亿次浮点运算（197EFLOPS），位居全球第二。能源转型和基础设施更新是新一轮科技革命和产业变革的必然结果，而新能源、新一代信息技术、人工智能、工业互联网等行业作为战略性新兴产业和未来产业的重要组成部分，本身也是我国产业国际竞争新优势

[①] 国家能源局：《2022年度全国可再生能源电力发展监测评价报告》2023年9月。

和产业链强劲韧性的集中表现，为推动新质生产力的绿色发展、智能升级、融合创新筑牢了基础。

第二，科技创新日益活跃。 科技创新是新质生产力培育发展的本质特征和最强动力。随着经济持续快速增长，我国科技综合实力显著增强，不少领域加快追赶发达国家，处于与世界领先国家同步并跑、比肩竞争的水平，相继在5G、人工智能、量子通信、储能技术、生命科学、航空航天、深海探测等领域取得了一系列标志性、世界领先的科技创新成果。科技型新质生产力的形成得益于大力度、连续性的研发投入。2022年，我国研发经费突破3万亿元，达到30782.9亿元，同比增长10.1%。研发经费规模从1万亿元提高到2万亿元用时8年，而从2万亿元提高到3万亿元仅用了4年时间。[①]这不仅是我国综合国力增强的表现，也彰显了我国坚持将创新作为引领发展第一动力的战略导向。同时，研发投入强度持续加大。2022年我国研发经费投入强度为2.54%，比2021年提高0.11个百分点。从研发支出结构来看，科技投入继续向基础研究倾斜，2022年我国基础研究经费总量首次突破2000亿元，规模位列世界第二，增速为11.4%，分别超过应用研究和试验发展经费增速0.7和1.5个百分点。同时，创新主体不断优化，2022年企业对研发经费增长的贡献高达84%，推动国家创新体系逐步完善。重点领域研发经费投入强度稳步提高，2022年，规模以上高技术制造业研发经费投入强度为2.91%，为突破制约新质生产力发展的

[①] 国家统计局、科学技术部、财政部：《2022年全国科技经费投入统计公报》2023年9月。

关键核心技术、核心零部件和先进材料提供了有力支撑。

第三，产业载体不断发展壮大。 习近平总书记指出："整合科技创新资源，引领发展战略性新兴产业和未来产业，加快形成新质生产力。"从要素结构和技术路线来看，战略性新兴产业和未来产业都以重大技术突破和重大发展需求为基础，具有知识技术密集度高、物质资源消耗少、成长潜力大的突出特点。在国家战略规划、各级政府扶持以及各类资本的协同推动下，我国战略性新兴产业逐步转向成熟发展阶段，对经济社会全局和长远发展的引领带动作用日益凸显。国家统计局数据显示，党的十八大以来，战略性新兴产业占GDP比重提高近1倍。2021年，战略性新兴产业增加值占GDP比重为13.4%。根据中咨公司提供的数据，2018—2022年，中央企业在战略性新兴产业领域投资规模由0.7万亿元扩大至1.5万亿元，占全部投资比重由12.8%提升至27%，投资规模增长115.2%。战略性新兴产业的发展实绩反映在出口市场上，以电动载人汽车、锂电池、太阳能电池为代表的外贸出口"新三样"取代服装、家电、家具"老三样"，成为中国制造的新名片。2023年上半年，"新三样"合计出口增速达61.6%，拉动我国出口整体增长1.8个百分点，这正是新质生产力蓬勃发展的力证。与战略性新兴产业相比，未来产业与前沿科技创新互动更为紧密，因而更具前瞻性，也是各国面向新一轮科技革命和产业变革重点培育扶持的先导性产业群。《中华人民共和国国民经济和社会发展第十四个五年规划和2035年远景目标纲要》明确提出要在类脑智能、量子信息、基因技术、未来网络、深海空天开发、氢能与储能等前沿科技和产业变革领域，谋划布局一批未来产业。随着创新投入、资金支持、人才引培等政策措施落实到位,未来产业新赛道不断细分演化,数字化、绿色化的产业成长主线日趋清晰,在更大范围和力度上改变了传统生产方式和生产力要素构成,与战略性新兴产业共同发挥着推进新质生产力形成、引领中国经济高质量发展的动力源作用。

第四,创新集聚效应增强,产业国际竞争升级。进入21世纪,应用性研发分工虽然在持续深化,但由于前沿科技创新和未来产业发展对要素支撑有较高要求,世界范围只有少数地区能够为这些创新活动开展和产业集聚提供要素保障,由创新集聚引发的马太效应增强,致使新质生产力出现了发展不平衡问题。近年来,为抢占科技创新和产业竞争制高点,发达国家对科技创新投入巨大,势必对新兴领域投资并购实行严格管控,试图将高附加值、最前沿的创新活动控制在本土。在"内向化"战略导向下,"技术民族主义""资源民族主义"与贸易保护主义、单边主义如影随形,造成产业链不同程度受损甚至断裂。持续升级的大国博弈和不断深化的利益"脱钩"放大了我国在核心技术、关键零部件、基本算法、先进材料、软件系统、标准体系、规则制定等环节被"卡脖子"的风险,暴露出科技原创力、产业链主导力、国际规则塑造力等方面的问题。

总体来看,我国培育新质生产力仍面临基础研发投入不足,科技成果转化机制不健全、产业基础能力不扎实,人才质量和结构不匹配、全球资源整合能力不强等问题和障碍。需要强调的是,新质生产力培育对研发体系、人才梯队、中介组织、风险投资、信息渠道等高端要素有较高要求,新质生产力与科创活动同样表现出集聚式发展的空间结构和布局特征。对于东北这样的老工业基地而言,发展新质生产力有根基和底蕴，具有工业体系比较齐全、配套链条相对完善、拥有一批行业龙头企业和技术工人队伍的传统优势，但存在高端要素供给缺口大，区位条件与新质生产力兼容性不足的矛盾。培育新质生产力要在创新中找答案，彻底破除阻碍新质生产力形成的体制机制障碍，深度挖掘东北工业体系积淀的应用场景，使之转化为新质生产力的生产资料和劳动对象，持续赋能东北全面振兴。

二、创新引领新质生产力培育

无论世界格局如何变化，长期来看，生产力作为人类社会进步的根本动力和决定性因素的角色并不会发生改变。培育新质生产力是实现中国式现代化的关键步骤，本质上是如何在新时代基于生产力与生产关系的矛盾运动规律解放和发展生产力。这不仅需要打破传统生产力的利益格局，处理好产业政策施用、科技平台搭建、公共服务提供等政府与市场之间关系，形成更有利于充分发展新质生产力的体制机制，而且要应对大国博弈升级、科技合作受限等全球治理问题，更要以开放包容的理念满足劳动者自身发展需要，而这些问题的解决思路则必须在不懈的创新中探索寻求。

加大基础研发投入力度，完善国家创新体系。引导企业和科研机构聚焦前沿科技，将科技创新重心前移，在推动"从0到1"自主原始创新的同时，创造条件开展多层次、宽领域的科技交流合作，最大限度地整合利用全球科技资源，着力突破关键技术、关键零部件、关键原材料，不断拓展生产资料和劳动对象的边界，提升新质生产力的科技含量。

进一步强化战略性新兴产业和未来产业作为新质生产力的载体作用。以新型工业化为引领，瞄准高端化、智能化、绿色化、融合化方向，巩固提升战略性新兴产业，做大做强数字经济。在前沿科技和未来产业领域抢占全球科技创新和产业竞争制高点，积极开辟新赛道，培育新主体，塑造新优势，形成新集聚，打造新支柱，为构建现代化产业体系打下坚实基础。

数字化转型与节能降碳同频共振，促进智能化绿色化互促共融。数字技术不仅为绿色产品设计、制造、销售提供新的研发理念、技术手段和商业模式，而且传统产业绿色改造、资源回收利用方式的绿色化创新同样需要丰富优质的数字资产和信息平台作支撑。同时，现阶段数字部门仍有部分生产力能耗偏高，尚有技术和结构减排空间。今后，一方面，要进一步鼓励企业利用大数据、云计算、人工智能、工业互联网、区块链、数字孪生等数字技术，升级开发符合清洁生产、循环经济要求的智能解决方案；另一方面，要为数字经济部门提供多样化的能源选择，提高数字经济发展的可持续性，不断深化要素利用方式、生产流程、能源管理的智能化绿色化融合，共同助力实体部门生产力提升和全体系再造。

塑造新质生产力尤为关键的是人的转型。归根结底，在生产力三要素中，劳动者作为物质要素的创造者和使用者，是起主导作用的要素，只有用先进科学技术、知识和理念"武装"起来的劳动者才具备更强的能动性。因此，要加快改革教育和社会保障体系，加紧制定实施面向能源转型、智能制造、未来产业的新就业计划，创造新就业岗位，为传统产业从业人员量身定制知识再造和能力提升方案，打造多层级、多元化的人才体系，为实现劳动者自然性、社会性、知识性高度统一创造有利条件。

新质生产力形成发展的强大动力

◎ 杜传忠

（南开大学经济与社会发展研究院教授、博导，产业经济研究所所长）

习近平总书记在黑龙江考察时强调："整合科技创新资源，引领发展战略性新兴产业和未来产业，加快形成新质生产力。"生产力是社会发展的最终决定力量，新质生产力是以科技创新作为主导推动力量、以战略性新兴产业和未来产业等作为重要产业载体，具有新的时代特质与丰富内涵的生产力。工业革命为新质生产力的形成发展提供了难得的机会窗口，历史上发生的三次工业革命都曾有力推动了生产力的发展，当今正在迅速发展的新一轮科技革命和产业变革也将为新质生产力的形成发展提供强大动力。我们必须抢抓新一轮科技革命和产业变革发展机遇，采取积极有效措施，加快形成发展新质生产力，为构建新发展格局、实现高质量发展、推进中国式现代化注入强大动力。

一、工业革命打开新质生产力形成的机会窗口

新质生产力是以科技创新作为主导力量的生产力,其形成和发展源自科技创新的推动。推动新质生产力形成和发展的科技创新不是单一的、间断的,而是由诸多新兴技术聚集在一起持续发挥作用的结果,这样的科技创新形态常常出现在工业革命的发生发展过程中,正如创新经济理论的奠基人熊彼特所指出的,产业革命中科技创新是以"簇群"方式出现的。在工业革命发生发展过程中,科技创新及其应用以及由其引起的生产方式、产业组织、商业模式等变革,共同激发和驱动了新产业、新业态、新模式的涌现和成长,由此驱动新质生产力的形成。

工业革命驱动新质生产力的形成发展可以从微观、中观和宏观三个层面加以揭示。从微观层面看,工业革命的发生发展提供的新要素和新技术,促进大量新兴企业的出现,这些新兴企业一般表现出较强的成长性和价值创新能力。从中观层面看,工业革命过程中集聚式涌现的新技术推动大量新产业、新业态、新模式加速聚集,它们表现出较强的创新能力、成长能力和市场竞争力;与此同时,新技术通过改造提升传统产业,促进传统产业转型升级,甚至使一些传统产业脱胎换骨,焕发新的活力,形成新的竞争优势。从宏观层面看,工业革命过程中的新要素、新技术、新模式等赋能宏观经济运行的各个方面,优化社会投资结构、消费结构,提升政府治理效能和宏观调控能力,进而促进了新质生产力的形成。可见,工业革命条件下的科技创新及

其广泛应用，全方位作用于经济运行的各层面各环节，引起经济体系的质态变化，促进了新质生产力的形成。从生产力的构成来看，工业革命条件下的科技创新在提升劳动者素质、优化劳动对象结构、拓宽劳动对象范围的同时，也进一步提升了劳动资料特别是生产工具的效率，由此促进了新质生产力的形成和发展。

从实践看，历史上发生的三次工业革命都曾有力驱动了当时生产力的形成和发展，并带来要素生产率的明显提升。发生于18世纪60年代的第一次工业革命，开创了以机器代替手工劳动的时代。它以工作机的诞生作为开端，以蒸汽机作为动力机被广泛使用为标志，使人类社会进入"蒸汽时代"。机器作为新型生产工具代替了手工劳动，从根本上解放了劳动者的体力，极大地提高了劳动生产率。与18世纪初相比，1781—1790年间世界工业生产指数提高近2.3倍，而1812—1870年与19世纪初相比该指数又提高了5.1倍多。19世纪中后期发生的第二次工业革命，以电力技术、内燃机技术等的广泛应用为标志，推动人类社会进入"电气时代"。一大批新兴产业如电力、化工、石油、汽车等发展起来，同时出现大规模流水线生产方式，促进劳动生产率进一步提高。以德国钢铁产业为例，1879年以后的30年间，新技术与新工艺的引入使得德国每座高炉的生铁产量提高了3倍，工人劳动生产率提高2.3倍以上。从20世纪下半叶开始，伴随着半导体技术、大型计算机、个人计算机以及互联网等技术的出现与广泛应用，人类社会进入第三次工业革命时期，自动化机器设备不仅取代了相当比例的"体力劳动"，还替代了部分"脑力劳动"，进一步提高了生产率水平。以美国为例，伴随着第三次工业革命的发生发展，美国经济部门小时产出年均增长率从1970—1995年的1.68%增长到1996—2000年的2.98%，提高了近一倍，2000—2005年更是达到了近3.4%的水平。

二、新一轮科技革命和产业变革加快促进新质生产力的形成和发展

当今世界，以大数据、云计算、人工智能等新一代信息技术迅速发展和广泛应用为主要内容的新一轮科技革命和产业变革在全球迅速发展。数字经济作为新一轮科技革命和产业变革的新型经济形态，以使用数字化的知识和信息作为关键生产要素，以现代信息网络作为重要载体，以信息通信技术的有效使用作为效率提升和经济结构优化的重要推动力，其发展速度之快、辐射范围之广、影响程度之深前所未有，正在成为重组全球要素资源、重塑全球经济结构、改变全球竞争格局的关键力量，同时也成为形成新质生产力的强大驱动力量。数字经济发展促进新质生产力形成的机制主要包括以下四个方面。

第一，数据、算力等作为基本生产要素赋能生产力升级，形成新质生产力。在数字经济快速发展的今天，数据已经成为国家基础性战略资源和关键性生产要素，并由此衍生形成数据生产力。数据生产力作为新质生产力系统的重要内容，其出现标志着现实生产力由以资本、劳动、土地等要素为基点转向以数据、算力等为基点。大数据技术作为新一代信息技术的重要内容，在数据处理过程中具有速度快、精度准、价值高等优势。大数据产业作为以数据生成、采集、存储、加工、分析、服务为主的战略性新兴产业，激活数据要素潜能，推动

生产力变革和创新，形成新质生产力。

在数字化时代，算力逐渐成为新质生产力的重要基础动能，助力智能革命、赋能数实融合。算力作为数据存储技术的"存力"和基于网络通信技术的"运力"，是信息产业的重要组成部分，包括计算、数据存储和网络通信行业。根据权威机构测算，算力指数平均每提高一个点，国家的数字经济和GDP将分别增长3.6‰和1.7‰。未来，算力将成为数字世界的核心动能。如同在工业经济时代人均用电量对经济的影响一样，数字经济时代人均算力也将成为衡量一个国家或地区产业综合竞争力的重要指标。随着通用人工智能的发展应用，智能算力的应用越来越广泛，其不仅能够提供海量数据的处理能力，还能支撑高性能智能计算，形成更高能级、更高质量的智能生产力。生产力的数字化、智能化是新质生产力的重要特征，也是新一轮科技革命和产业变革条件下生产力发展的基本趋势。当下全球热门的"ChatGPT"即"生成型预训练变换模型"表现出强大的智能生产力潜能，其基本技术运行逻辑便是基于海量数据持续训练，以此构建起巨大模型，并以强大算力尤其是智能算力作为重要底座支撑。借助于强大的算力支撑、深度学习算法和万亿级别数据语料的喂养，生成式预训练变换模型等才得以进行学习和迭代，为形成更高水平的新质生产力提供强大驱动。

第二，数智技术应用通过深化劳动分工、优化劳动力供给结构，提升生产力各要素的功能，形成新质生产力。 首先，数智技术的应用对劳动分工、劳动力供给结构及劳动方式等产生深刻影响。数智技术能够在较短时间内以更大规模复制劳动行为，执行和完成人类能力包括体力、脑力所不能完成的任务，由此创造出一种在很多方面高于人类劳动力的"新质劳动力"。在这一过程中，数智技术与劳动要素深度融合产生出更高质量的劳动力供给，如具有深度学习、自我学习能力的机器人，由此在很大程度上优化了劳动力的供给结构。其次，数智技术的应用通过产生劳动替代效应深化劳动分工。数智技术应用显著提升了生产的数字化、自动化和智能化水平，降低了对低技能劳动力的依赖，由此形成对部分劳动力的替代。数智技术的不断迭代升级，进一步实现对人类脑力和高技能劳动力的替代，机器学习、深度学习的不断发展，拓展了劳动力供给的范围，从总体上提升了包括劳动者体力、脑力、智力在内的综合能力。需要指出的是，数智技术的应用会促使劳动供给由提供体力更多地转向提供脑力、智力和创造力，倒逼劳动者不断学习新知识、新技能，进而提升社会上全体劳动者的知识、技能和智慧，为新质生产力的形成提供强有力的劳动力要素支撑。最后，数智技术的应用不断拓展劳动对象的应用范围。从劳动对象看，随着数字化、智能化技术的发展，大量原来不属于劳动对象的物质转变成劳动对象，由此大大拓展了劳动对象的范围。可见，数智技术的应用通过深化劳动分工、优化劳动力供给结构，提升生产力各要素功能，有力促进了新质生产力的形成。

第三，数字产业化过程产生的大量新产业、新业态、新模式，为新质生产力的形成提供了强大的产业基础和驱动。在数字经济时代，一大批以数智技术应用为基础衍生发展起来的新产业、新业态、新模式不断涌现，由此形成以战略性新兴产业和未来产业为主要内容的新型产业体系，并表现出显著的高成长性、高效率性和强竞争力，为形成新质生产力提供强大产业基础和驱动。党的二十大报告提出："推动战略性新兴产业融合集群发展，构建新一代信息技术、人工智能、生物技术、新能源、新材料、高端装备、绿色环保等一批新的增长引擎。"《中华人民共和国国民经济和社会发展第十四个五年规划和2035年远景目标纲要》提出："在类脑智能、量子信息、基因技术、未来网络、深海空天开发、氢能与储能等前沿科技和产业变革领域，组织实施未来产业孵化与加速计划，谋划布局一批未来产业。"加快发展战略性新兴产业和前瞻布局未来产业，将为我国新质生产力的形成提供源源不断的驱动力。

第四，信息通信基础设施为新质生产力的形成提供坚实平台支撑。在数智化时代，5G、工业互联网、大数据和算力中心等新型基础设施和新一代信息通信技术的迅速发展，对有效发挥数据、算力、算法等要素的作用，促进新兴产业快速成长具有重要支撑作用，由此也构成新质生产力形成的平台支撑。5G网络凭借广覆盖、低时延、万物互联等优势，使越来越多的智能家电设备、可穿戴设备、共享汽车等不同类型的设备以及公共设施实现联网和实时管理，提高了这些设备的智能化水平，为现实生产力注入越来越多的"智能"要素。当前，5G技术在我国工业、矿业、电力、港口等垂直行业的应用越来越广泛，有效助力企业提质、降本、增效。基于5G网络的超高清视频、AR/VR等新应用进一步融入生产生活，为人民群众带来高品质的全新体验。工业互联网作为新一代信息通信技术与产业深度融合的新型关键基础设施，表现出显著的技术创新优势、产业融合优势、软硬件连接优势。例如，工业互联网应用促进了我国工业软件业快速发展，以数据思维、业务中台模式、"云＋网＋端"为特征的工业互联网平台辅助工业软件整合多方创新资源要素，协助企业实现工业软件的研发和创新突破。工业互联网正逐渐突破数据采集和传输、海量数据计算处理速度、行业知识模型化等方面的技术瓶颈，将极大地推动大数据、云计算、5G、人工智能等新一代信息技术在产业领域的应用落地，不仅催生出智能制造、规模化定制、网络化协同、服务型制造等新模式、新业态，还进一步创新生产服务场景，优化技术创新方向，从而有效促进新质生产力的形成发展。

三、加快形成新质生产力，需要从要素、技术、产业、制度等多方面推进

抢抓新一轮科技革命和产业变革发展机遇，加快培育形成新质生产力，是一项复杂的系统性工作，需要从要素、技术、产业、制度等多个方面加以推进。

第一，加快培育发展数据、算力等新质生产力要素。培育发展数据生产力，首先，进一步提升数据要素供给质量。提升数据资源处理能力、管理水平和数据质量，培育壮大数据服务产业，进一步提升公共数据开放水平，释放数据红利，形成更加完整贯通的数据链。其次，进一步完善数据要素市场体系机制，培育多元数据要素市场主体，建立完善数据定价体系和数据资产市场运营体系，提升数据交易效率。最后，创新数据开发利用机制。进一步推动数据价值产品化、服务化，促进数据、技术、场景深度融合，鼓励多方利益主体和社会

力量参与数据价值开发，完善数据治理体系机制。

夯实算力高质量发展基础，构筑算力竞争优势。随着数字经济的发展，算力正成为我国新质生产力的重要内容和推动力量。根据中国信息通信研究院发布的《中国算力发展指数白皮书（2023年）》，预计到2023年，中国算力产业规模将超过3万亿元，年均增速将超过30%。算力正加速向政务、工业、交通、医疗等各行业各领域渗透，为形成新质生产力发挥越来越重要的作用。应从技术研发、基础设施、产业应用、人才培养等多个维度着手，加快构筑算力竞争优势，包括加强算力关键技术研发与创新、统筹算力网络建设与布局、推动算力产业集群化或生态化发展及应用、培养算力相关复合型人才等。

第二，加快打造一支高层次、高质量的数智化人才队伍。劳动力是生产力的最基本、最活跃要素，在数字经济时代，加快培育一支高层次、高质量的数智化人才队伍，是形成新质生产力的基本条件和重要支撑。一是加强数字经济、人工智能学科建设，做好相关学科调整，优化顶层设计，将数字经济、人工智能研究与人才培养更好结合起来。二是加大对高端数智化人才的引进力度，重点引进大数据分析、机器学习、类脑智能计算等国际著名研究团队和高水平研究专家，并鼓励企业、科研机构依托项目合作、技术顾问等形式引进数智化人才。三是以产业需求为导向，推进高校学科交叉融合发展，建立和完善适应数智化发展要求的学习和技能培训体系，围绕数智化产业发展培养一批既掌握数智化技术，又了解现实产业运作的复合型人才，形成产学研深度融合、完整连续的数智化人才培养新体系。

第三，大力推进科技创新特别是关键核心技术的创新及其应用。

在新一轮科技革命和产业变革条件下发展新质生产力，从根本上取决于科技创新能力，特别是关键核心技术的创新突破能力。首先，增强关键技术创新能力。瞄准大数据、人工智能、区块链、传感器、量子信息、网络通信、集成电路、关键软件、新材料等战略性前瞻性领域，发挥新型举国体制优势，进行创新突破，提高数字技术基础研发能力。其次，依托我国超大规模市场优势，推进数字技术与各领域的深度融合，建立以科技创新企业为主导，产业链、创新链、资金链、人才链深度融合的数智化技术创新联合体，推动行业企业、平台企业和数字技术服务企业进行跨界融合创新，进一步完善创新成果快速转化机制，加快实现创新技术的工程化、产业化、市场化。最后，积极发展新型研发机构，打造高校与企业创新联合体等新型创新主体，构建多元化主体参与、网络化协同研发、市场化运作管理的新型创新生态体系。支持具有自主核心技术的开源社区、开源平台、开源项目发展，促进开放式创新、平台化创新，借助于数智技术及平台实现创新资源共建共享。

第四，大力推进数字产业化，发展新产业新业态新模式。一是深化数字技术与各领域融合应用，推动行业企业、平台企业和数字技术服务企业进行跨界创新。引导支持平台企业加强数据、产品、内容等资源整合共享。发展基于数字技术的智能经济，加快优化智能化产品和服务运营，培育智慧销售、无人配送、智能制造、反向定制等新增长点。二是提升数字经济核心产业竞争力，重点推进信息技术软硬件产品产业化、规模化应用，提高基础软硬件、核心电子元器件、关键基础材料和生产装备的供给水平，提升关键软硬件技术创新和供给能力。引导支持平台企业加强数据、产品、内容等资源的整合共享。三是推进产业链强链补链，促进面向多元化应用场景的技术融合和产品创新，提升产业链关键环节竞争力。完善人工智能、集成电路、5G、工业互联网等重点产业的供应链体系，推进新一代信息技术集成创新和融合应用，发展新兴数字产业，深化平台化、定制化、轻量化服务模式创新。四是优化数智产业创新生态，发挥平台企业、领军企业的引领带动作用，推进资源共享、数据开放和线上线下协同创新。

第五，大力发展战略性新兴产业，前瞻布局未来产业。战略性新兴产业和未来产业是新质生产力的重要载体。目前，我国战略性新兴产业增加值占国内生产总值比重已超过13%，发展势头强劲。应进一步聚焦发展新一代信息技术、生物技术、新能源、新材料、高端装备、新能源汽车、绿色环保以及航空航天、海洋装备等战略性新兴产业，强化科技创新特别是关键核心技术的创新应用，推动战略性新兴产业集群化、融合化、生态化发展。把握新一轮科技革命和产业变革发展趋势，前瞻谋划布局类脑智能、量子信息、基因技术、未来网络、深海空天开发、氢能与储能等一批具有广阔发展前景的未来产业。通过推动对前沿科技的深入探索和交叉融合创新，特别是加快对颠覆性技术的突破，促进未来产业快速发展，为新质生产力发展提供后续驱动力。

第六，创新相关体制机制，充分发挥政府产业政策作用。马克思主义唯物史观认为，生产力决定生产关系，生产关系反作用于生产力。从目前实践看，我国新质生产力数据、算力等要素的发展适应于工业经济运行的体制机制及政策，已经总体领先于数字经济的生产关系。为此，应加快推进数字经济运行体制和治理机制变革，重点是构建完备的数据基础制度体系，统筹推进数据产权、数据要素流通与交易、数据要素收益与分配、数据要素治理等基础制度体系的建设，强化数据要素的赋能作用，激发乘数效应，为新质生产力的形成提供坚实体制保障。科学合理的政府产业政策是保障新质生产力形成的重要体制内容。当前，面对新一轮科技革命和产业变革的发展与新产业的培育、成长和壮大，各国都十分重视政府产业政策的作用，借助于政府产业政策的作用加快推进科技与产业创新，以抢占未来竞争的制高点。面对日趋激烈的国际竞争，我国必须发挥制度优势，充分发挥好政府产业政策的作用。一是有效发挥政府产业政策的引导、推动作用，通过制定实施科学合理的产业政策，引导生产要素进入智能技术和智能产业领域，加快数智技术的商业化应用和产业生态形成。二是充分发挥政府产业政策对信息通信技术基础设施建设的支持、保障作用，加大对工业互联网、大数据中心、5G、人工智能、云计算、物联网等新型基础设施建设的财政支持力度，夯实新质生产力形成的基础支撑。三是完善产业政策实施配套体系，通过改善知识产权环境、提升政府服务效率、降低税费、优化治理等，为新质生产力的形成营造良好环境。（注：南开大学经济学院博士研究生疏爽对本文亦有贡献）

战略性新兴产业发展态势探究

◎陈 宪

（上海交通大学安泰经济与管理学院教授，深圳行业研究院研究员）

习近平总书记指出："整合科技创新资源，引领发展战略性新兴产业和未来产业，加快形成新质生产力。"战略性新兴产业是指基于重大技术突破和发展需要，能够对经济社会发展发挥明显的引领和带动作用，并有很大增长潜力的产业。它是新兴技术与新兴产业相结合的产物，同时也是科技创新与产业发展的重要标志，具有技术含量高、市场潜力大、带动能力强、综合效益优等特点。战略性新兴产业在现代化产业体系中处于核心地位，既是现代化经济体系的重要基础，亦是推动我国经济高质量发展的必然选择。

一、战略性新兴产业的提出及发展态势

改革开放以来，我国产业发展大致经历了从传统制造业和服务业到先进制造业和现代服务业的演进过程。为了扶持技术创业，促进高

新技术企业快速发展，1991年，国务院发布了《国家高新技术产业开发区高新技术企业认定条件和办法》，并配套制定了财政、税收、金融、贸易等一系列优惠政策。1992年，国务院颁布《国家中长期科学技术发展纲领》，指出高新技术及其产业包括微电子技术和计算机技术、生物技术、新材料技术和航空航天技术及相关产业。此后，我国的高科技产业发展取得了巨大的进步，开启了产业转型升级和创新驱动发展的时代。

在"十一五"规划及此前的相关规划文件中，产业转型升级的主要途径和措施是"加快发展高技术产业"。"十一五"规划要求："按照产业集聚、规模发展和扩大国际合作的要求，加快促进高技术产业从加工装配为主向自主研发制造延伸，推进自主创新成果产业化。"着力培育一批具有高科技含量、高带动能力和高成长性的新兴产业；支持一批创新型产业群，培养一批国际化的高科技企业；扶持一批高新技术产业集群，培育一批国际高新技术产业公司；支持一批拥有自主知识产权、世界著名商标的企业，推动一批骨干企业实现由大到强的转变。可见，战略性新兴产业是在高新技术产业发展的基础上形成并确立的，具有先导性、支柱性等特征。

进入21世纪以来，重要科技领域发生革命性突破已出现先兆。从互联网到量子信息，从人工智能到生物技术，一场新的技术革命已经成为不可阻挡的潮流。为把握科技革命和产业革命的历史机遇，加快实施创新驱动发展战略，我国将重点发展战略性新兴产业作为推动产业转型升级、培育经济新动能的抓手。2010年9月，国务院审议并通过《关于加快培育和发展战略性新兴产业的决定》，这是我国首次明确提出加快培育和发展战略性新兴产业,此后我国经济进入转型升级的关键时期。

"十二五"规划对战略性新兴产业的优先发展方向进行了初步定位,明确提出战略性新兴产业主要包括七大领域,即节能环保、新一代信息技术、生物技术、高端装备、新能源、新材料、新能源汽车。"十三五"规划从指导思想、战略定位、政策措施等方面,对全面推进战略性新兴产业发展提出了明确要求,其发展目标和具体方向逐步明晰。"十三五"规划提出:"瞄准技术前沿,把握产业变革方向,围绕重点领域,优化政策组合,拓展新兴产业增长空间,抢占未来竞争制高点,使战略性新兴产业增加值占国内生产总值比重达到15%。""十三五"规划还提出了培育战略性新兴产业的领域。

"十四五"规划就发展壮大战略性新兴产业提出了新的构想和要求。"十四五"规划提出:"构筑产业体系新支柱","聚焦新一代信息技术、生物技术、新能源、新材料、高端装备、新能源汽车、绿色环保以及航空航天、海洋装备等战略性新兴产业,加快关键核心技术创新应用,增强要素保障能力,培育壮大产业发展新动能"。与"十三五"规划相比,"十四五"规划中战略性新兴产业的领域由七个增加为九个。

为推动国家战略性新兴产业发展规划顺利实施,2012年,国家统计局颁发《战略性新兴产业分类(2012)》;2017年,《战略性新兴产业重点产品和服务指导目录(2016版)》正式发布,文化产业诸多产品和服务被纳入目录;2018年,国家统计局发布《战略性新兴产业分类(2018)》,加入了相关新兴服务业(领域),明确战略性新兴产业的行业范围，为引导战略性新兴产业发展发挥重要作用。

自"十二五"规划提出发展战略性新兴产业以来，战略性新兴产业实现了持续快速增长，为稳增长、调结构、促转型奠定了重要基础。2021年，战略性新兴产业增加值占GDP比重为13.4%，比2020年提高1.7个百分点，比2014年累计提高5.8个百分点。值得注意的是，我国北京、上海、广州、深圳四座城市的战略性新兴产业增加值占城市生产总值（GDP口径）的比重都显著高于全国平均水平。2021年，北京、上海、广州和深圳的战略性新兴产业增加值占GDP的比重分别为24.7%、20.4%、30.5%和39.6%。

二、发展战略性新兴产业亟须完善科技创新模式

战略性新兴产业的本质是高研发、高技术，这决定了战略性新兴产业的发展需要大量的人才和资本投入。从这个意义上说，科技创新模式的选择和优化决定了战略性新兴产业的发展水平和效率。改革开放以来，科技创新经历了两种不同的发展方式。一是以科研院所为主体的科技创新方式，二是以企业为主体的科技创新方式。前者以"大院大所"云集的北京、上海为代表，科技创新需求主要来自科研院所、高等院校和政府科技主管部门；后者以深圳为代表，它有先于其他城市形成的市场经济体制和市场主体，深圳对科技创新的需要在很大程度上来源于市场，即企业本身。在近20年的时间里，深圳涌现出很多高新技术企业，这些企业具有很强的市场敏感度和强烈的创新动力。

科技型企业形成了一套由企业主导的自主创新体系，不仅促成了

企业主导的自主创新模式，而且顺理成章地打通了科技创新与产业发展的边界，实现二者的融合，有助于进行创新链全流程整合。创新链由基础研究、应用基础研究、开发试验研究与新技术产业化组成。基础研究是对科学和技术领域中的基础性问题的研究，是科技创新体系中的重要组成部分；应用基础研究主要解决科学技术与经济社会发展的结合问题，为开发试验研究提供必要的科学依据和技术基础；开发试验研究主要解决新技术产业化的问题，是开发试验研究成果转化为现实生产力的关键环节；新技术产业化主要解决技术商业化、商品化问题，是创新链上最具活力和发展前景的一环。创新链的全流程整合就是做好这四个环节的高效衔接和协同配合。

纵观世界各经济体的科技创新版图，我们不难看出，在建设创新型国家过程中，企业作为科技创新的主体，在基础研究方面的作用至关重要。在科技创新和产业发展日趋融合的过程中，基础研究分为两大类，即纯科学研究与应用基础研究两个部分。由政府科研单位和高校进行的主要是纯科学研究。企业进行基础研究活动，毫无疑问是受到自身发展需求的驱动，它们大多拥有方向性的应用目标，即采取的是应用基础研究，这是创新链的有机组成部分。第二次世界大战之后，一些先发国家的高技术企业开始兴起，并呈现出积极的发展趋势。随着科学技术与经济社会的发展，基础研究的内涵也在逐渐丰富，为了适应快速、高频率的技术进步与科技创新，以满足人民日益增长的美好生活需要，应用基础研究已经成为基础研究的重要内容。

全球科技创新活动及其成果产业化的实践表明，科技型企业加强基础研究和应用基础研究投入，建立完整的创新链流程，不仅能够提高自主创新能力，还可以极大地优化企业的创新资源配置，提高企业的创新效率。当企业进入高研发和高技术的发展阶段，也就是成为科技型企业之后，在研发投入方面将会面临一个问题：对基础研究的投入多一些，还是对开发试验研究的投入多一些？公司的财务费用是每天产生的，属于短期费用；而机会成本是一种长期和中期成本，它和企业的战略决策密切相关。未来，越来越多的科技型企业将会认识到，增加对基础研究和应用基础研究的投入，是一种机会成本最低的选择，这有利于企业的中长期发展，也有可能引导行业的发展。在此过程中，它们还可以承担更多的社会责任。那些走在基础研究前沿和应用基础研究前沿的高科技企业，大部分都已经在产业中占据了"头部"地位，对整个产业的发展起到了一定的引导作用。在不断的成长与发展过程中，企业深刻意识到，市场占有率是它们在产业中立足的根本，而技术领先则是它们在产业中保持引领地位的核心优势。

企业是科技创新活动的最大主体，其投入具有"乘数效应"。只有通过企业技术创新活动不断增强科技研发能力和水平，才能在激烈的市场竞争中立于不败之地。然而当前，我们的科技创新模式还存在一些短板，突出表现之一就是企业主导的科技创新模式还未成为主流，部分科技创新资源错配，科技创新活动面对一些阻力，进而导致战略性新兴产业发展存在短板和瓶颈。为此，首先，要破除体制机制障碍，营造有利于企业创新的政策环境，深化科技体制改革，充分激发企业创新的内生动力。其次，要加快形成以企业为主导的技术创新格局，引导企业加大研发投入，不断提高企业在全球创新网络中的地位，进一步增强企业的创新能力，使企业成为技术创新的主体，从而提升技术创新的效率与效益。最后，要加强科技人才队伍建设，培养造就一大批战略科技人才、科技领军人才、青年科技人才和高水平创新团队。

三、战略性新兴产业的发展后劲来自未来产业

从产业发展的逻辑角度来认识战略性新兴产业，首先要明确它与未来产业之间的联系。战略性新兴产业指的是已经完成了对重大技术的试错，并且已经具有确定的产业形态和明确的发展模式的产业、产业体系和产业集群。它的重要特征是具有重大技术突破、重大发展需求、重大成长潜力和重大引领带动作用。未来产业着眼于人们对未来的畅想，具有较强的前瞻性和不确定性，正处于科技创新和产业创新的试错阶段，正在创造新应用场景和新消费需求，催生新产业、新业态和新模式。如果说在技术进步缓慢的年代，新兴产业主要是需求导向的产物，那么在技术进步加速的年代，新兴产业则是在供给创新和需求导向共同驱动下形成的。重大技术突破将会释放出强大力量，加快产业化进程，对经济社会发展起到广泛带动作用，有利于战略性新兴产业的发展。未来产业是战略性新兴产业的延伸和深化，战略性新兴产业则是未来产业发展的必然趋势和结果。质言之，今天的未来产业就是明天的战略性新兴产业。

在现代化产业体系中，战略性新兴产业和未来产业均为先导性产业，其区别主要在于产业化水平和创新程度。前者的产业化水平高于后者，后者的科技创新和产业创新程度高于前者。未来产业是对未来经济发展模式具有颠覆性影响的新兴产业或者处于萌芽状态的产业，

而战略性新兴产业则是技术相对成熟的产业。

2019年2月7日,美国白宫科技政策办公室(OSTP)发布了《美国将主导未来产业》研究报告,这份报告覆盖了被称为美国"基础设施"的人工智能、高端制造、量子技术和5G四个核心技术,呼吁更多的投资和更少的管制,以创造一个更好的发展环境。2021年1月,美国总统科技顾问委员会建议拜登政府建设未来产业研究所,开展未来产业交叉研究,构建从基础研究到应用研究再到产业化全链条的新技术研发体系,推动创新链整合。2018年,英国国家科研与创新署启动"未来领导者研究基金计划",投入专项资金资助未来产业创新领域的年轻研究员,为开发未来新产品和新技术提供机会。2019年9月,德国联邦教育与研究部发布《高科技战略2025》,其中列出了十大领域,包括无人驾驶、智能诊断和智能治疗。

深圳市是中国最早探索未来产业的地区,也是全球范围最早布局未来产业的城市之一,其成功经验值得借鉴。《深圳市国民经济和社会发展第十四个五年规划和二〇三五年远景目标纲要》(以下简称深圳"十四五"规划纲要)进一步阐明深圳"构建高端高质高新的现代产业体系"的构想,并提出"构建未来产业策源地"的具体思路。强调深圳要聚焦产业基础高级化和产业链现代化,紧盯产业前沿和关键环节,瞄准战略性新兴产业和未来产业,加快建设世界一流的国家科技创新中心,努力在新一轮国际科技竞争中赢得战略主动。深圳"十四五"规划纲要指出,要对产业发展趋势、重点技术展开预测,对前沿技术展开前瞻性的布局,构建一批"未来产业发源地"。这就要求对重点技术提前布局、提前研发、提前攻关,对于已经成熟的技术要进一步提升技术含量,加大科技创新力度,不断提高产品和服务的质量水平。

在6G网络的基础上,对6G网络中的关键技术与体系结构进行预研,并重点对6G网络中支持超高速数据流的内容分发与传输技术进行深入研究。加强对量子信息、量子科技发展的研究,力争在一些重点领域实现突破。积极参加诸如深海空间站、完整的深海潜水器等重大装备的开发,在关键技术上取得突破。开展空间环境探测、地球科学研究、空间实验和应用研究,为国家重大科技计划的实施提供关键技术支持。加强北斗导航系统应用和推广,为我国高精度地基增强系统建设和北斗导航系统的产业化发展奠定基础。在电动汽车的关键零部件、燃料电池电堆、动力总成等关键技术上取得突破,研发并制造出拥有完全自主知识产权的氢燃料电池汽车整车,构建从氢能的基础研究、关键材料与零部件到整车集成和产业化的完整产业链。

《中华人民共和国国民经济和社会发展第十四个五年规划和2035年远景目标纲要》(以下简称"十四五"规划)既从一般意义上提出发展未来产业的要求,也具体谋划了未来产业的中长期发展。其明确指出:"着眼于抢占未来产业发展先机,培育先导性和支柱性产业,推动战略性新兴产业融合化、集群化、生态化发展,战略性新兴产业增加值占GDP比重超过17%。"依托产业规模优势、配套优势和部分领域先发优势,形成创新发展的产业集群优势,不断优化创新发展环境。强化高铁、电力装备、新能源、船舶等领域的全产业链竞争力,补齐核心技术和零部件短板,打造具有国际竞争力的全产业链。

"十四五"规划第九章"发展壮大战略性新兴产业"第二节"前瞻

谋划未来产业"提出了未来产业发展的具体领域:"在类脑智能、量子信息、基因技术、未来网络、深海空天开发、氢能与储能等前沿科技和产业变革领域,组织实施未来产业孵化与加速计划,谋划布局一批未来产业。"在产业基础雄厚和优质科研资源、人才资源集聚区,建立一批国家级的未来产业技术研究院,注重科技创新前沿技术的多路径探索,通过各种渠道充分挖掘新兴技术的潜在价值,将新兴技术与传统产业进行跨界融合。注重科技创新的交叉融合,注重融合基础上的颠覆性技术创新,对具有颠覆性意义的基础研究成果进行研发和应用。

2022年,我国共有24座城市地区生产总值总量超过1万亿元。在这些城市中,有16个城市(北京、上海、广州、深圳、重庆、成都、杭州、武汉、南京、无锡、长沙、郑州、佛山、济南、合肥、东莞)在相关规划和政策性文件中提出发展未来产业。它们所提及的未来产业涉及23个行业,主要包括类脑智能、量子信息、基因与细胞技术、第六代移动通信、氢能与储能、空天科技、深地深海、光子芯片和区块链等。可见,各地都意识到,战略性新兴产业实现可持续发展,要保持未来产业的领先优势;建设现代化产业体系,需要以未来产业的不断试错与培育为基石。